GÜTERSLOHER
VERLAGSHAUS

© Carl Brunn

HANS CONRAD ZANDER ist 1937 in Zürich geboren. Er war Mönch im Dominikanerorden, Reporter beim Stern (Träger des Kisch-Preises) und Gastprofessor an der Universität Essen. Bekannt geworden ist er als Autor von WDR und NDR (»Zeitzeichen«) und als Verfasser von Sachbüchern und Satiren zur Geschichte, vor allem zur Religionsgeschichte (»Als die Religion noch nicht langweilig war«). Er lebt als Journalist und Schriftsteller in Köln.

SENECA IM GASOMETER

HÖCHST SONNTÄGLICHE EXERZITIEN

VON HANS CONRAD ZANDER

GÜTERSLOHER VERLAGSHAUS

Bibliografische Information der Deutschen Nationalbibliothek
Die Deutsche Nationalbibliothek verzeichnet diese Publikation in der Deutschen Nationalbibliografie; detaillierte bibliografische Daten sind im Internet über https://portal.dnb.de abrufbar.

FSC
www.fsc.org
MIX
Papier aus verantwortungsvollen Quellen
FSC® C014889

Verlagsgruppe Random House FSC-DEU-0100
Das für dieses Buch verwendete FSC-zertifizierte Papier *EOS* liefert Salzer Papier, St. Pölten, Austria.

1. Auflage

Umschlagmotiv: © hpoelker – Fotolia.com
Druck und Einband: Friedrich Pustet GmbH & Co.KG, Regensburg
Printed in Germany
ISBN 978-3-579-06585-4

www.gtvh.de

SÄMTLICHE EXERZITIEN

1 SENECA IM GASOMETER

Wichtig ist es in der Religion, seinen Glauben von Zeit zu Zeit zu ändern. Bisher habe ich nicht an die Unsterblichkeit der Seele geglaubt. Jetzt glaube ich daran. Stattgefunden hat diese Bekehrung im Gasometer in Oberhausen.

Der Zugang ist grässlich. Durch den Gestank vom schlechten Fett der Wurstbuden und durch das entsprechende Gekreisch viel zu dicker Kinder führt der Weg hinein in die enorme, stillgelegte Gaskuppel. Doch für alles, was Ohr und Nase draussen zu erdulden hatten, wird das Auge im Gasometer drin tausendfach entschädigt. Dies ist vielleicht die schönste Schau, die je in Deutschland zu sehen war. »Sternstunden« heißt sie und zeigt eine Fülle phantastischer astronomischer Farbphotographien. Riesengroß formatierte Bilder sind das, nicht nur von der Sonne und den Planeten, sondern, weit darüber hinaus, hergeholt aus den fernsten Fernen des Alls. Ein unbegrenztes Universum, photographiert in seinen eigenen kosmischen Farben, das Herz und den Verstand maßlos weitend. Vor dem rotglühenden Bild einer eben erst entstehenden Galaxie bekehrte ich mich überwältigt zum Glauben an die Unsterblichkeit der Seele.

Wohl herrscht bei uns so etwas wie eine wortlose, gedankenlose Einhelligkeit im Glauben des Unglaubens: Wenn ich sterbe, ist es aus. Doch warum glauben die vielen, ohne Überlegung, nicht mehr an ein Leben nach dem Tod? Weil sie sich den Ort dafür nicht vorstellen können.

Die Menschen des Mittelalters konnten das. Hoch über allen Sphärenkreisen des geozentrischen Systems hatte der christliche Himmel seinen ptolemäischen Platz. Den hat er verloren. Mit dem astronomischen Ort verloren ging uns der Glaube an des Menschen himmlische Bestimmung.

Warum eigentlich? Der neue Kosmos, den die Bilder in Oberhausen zeigen, ist unvergleichlich weiter und schöner als das enge mittelalterliche All. In diesem grenzenlosen neuen Universum ist Platz für abertausend neue, andere Welten. Ganz physisch. Dass wir sie uns nicht vorstellen können, liegt nicht am mangelnden Fortschritt der Astronomie. Es liegt am erbärmlichen Schwund der religiösen Phantasie.

Mangels christlicher Phantasie kam mir im Gasometer von Oberhausen Seneca, der Heide, in den Sinn: »Bona rerum secundarum optabilia, adversarum mirabilia.« Das heißt ungefähr: »Im Glück erfüllen sich Wünsche, im Unglück geschieht Wunderbares.« Francis Bacon, den dieser rätselhafte Satz schon in den Bann gezogen hat, deutete ihn so, dass der Mensch dafür geschaffen ist, im Unglück über sich selbst hinauszuwachsen, weit über das hinaus, was ihm möglich wäre in den Schalheiten des Glücks.

Das stimmt. Das größte Unglück aber ist der Tod. Vielleicht ist der Gasometer von Oberhausen der richtige Ort, um über Francis Bacon hinauszudenken und Seneca ganz neu zu übersetzen: »Auf dieser Erde lang zu leben, ist, was sich alle wünschen. Doch jene neuen Welten, die der Tod verheißt, sind ungeahnt und staunenswert.«

2 DIE BRÜSTE VON BABYLON

Heikel sind alle theologischen Themen. Heute aber wollen wir todesmutig das heikelste aller theologischen Themen durchexerzieren. Das ist die Schönheit des weiblichen Leibes. Ist doch, wie Erich Kästner beim Flanieren auf deutschen Straßen schmerzlich auffiel, unter allzu vielen weiblichen Beinen höchstens eines wirklich schön. Über die Mehrheit klagte er: »Sie haben Beton in den Waden«. Ob das nicht ein Versagen des Schöpfers ist, in dessen Macht es doch läge, alle Beine aller Frauen in vollkommener Schönheit zu erschaffen?

Nein. Es ist ja, wie wir wissen, das eigentlich Menschliche, dass der Mensch sich selbst verwirklicht. Und wie es denn kein Mangel, sondern eine Chance ist, dass der Mensch nackt geboren wird, weil eben dies dem Baby ungeahnte Möglichkeiten der Integration in die höhere, die soziale Existenz eröffnet, so ist es gleichfalls nicht Mangel, sondern Chance, dass die Frau durch raffinierte Kleidung jedes schöpfungsbedingte Manko wenden kann zu höchstem ästhetisch-erotischem Reiz. Ihr werdet doch zugeben: Selbst Marlene Dietrichs Beine wurden erst durch ihre Beinkleider vollkommen schön.

Dieser Tage nun war ich im Hause eines evangelischen Pfarrers zum Abendessen eingeladen. Als Entree gab es Kürbis-Suppe mit Thymian. Doch nicht der Kürbis fesselte mein theologisches Auge. Als sich nämlich die Gastgeberin nach vorne neigte, um den Schöpflöffel zu ergreifen, sah ich durch ihr enormes Décolleté so tief hinab, dass mir schon wieder Erich Kästner in den Sinn kam: »Wenn es Mode wird, die Brust zu färben, oder, falls man die nicht hat, den Bauch … .« Tatsächlich würde ich meine Hand dafür ins höllische Feuer legen: Der Bauch der Pfarrers-Gattin war violett gefärbt!

Ist das von öffentlichem Interesse? Ja. Was da nämlich zuallerletzt bei den Pfarrersfrauen angekommen ist, beherrscht schon seit Jahren das Straßenbild deutscher Fußgängerzonen: Mit größtem Stolz entblößen abertausend Frauen lauter Busen, die, im Sinne Erich Kästners, durch raffinierte Verkleidung an erotischem Reiz viel dazugewinnen könnten.

War nicht Friedrich Dürrenmatt ein Pfarrers-Sohn? Hatte er nicht den ganzen Kopf voll Theologie, als er »Ein Engel kommt nach Babylon« schrieb? Erinnert euch: Ein Engel Gottes kommt mit einer vollkommen schönen jungen Frau namens Kurrubi in die sittenloseste aller Städte herabgeflogen. Die schöne Kurrubi findet jedoch Aufnahme nur bei einem alten Penner unter der Brücke. Aber allein schon das Gerücht, dass eine junge Frau von vollkommener Schönheit in ihre Stadt eingedrungen sei, bringt die Damen von Babylon alle gegen Kurrubi auf, vor allem die Vorsitzende des Huren-Syndikats. Stolz den Busen entblößend, fordert sie den alten Penner zu einem ästhetischen Urteil heraus: »Habe ich nicht die schönsten Brüste Babylons?« Die Antwort des alten Mannes ist von zeitloser erotischer Bedeutung: »Was haben denn diese Organe mit meiner Kurrubi zu tun?«

3 BEKEHRT EUCH ZU MOHAMMED!

Mohammed der Prophet saß eines Morgens da, so versunken ins Gebet, dass er nicht merkte, wie seine Katze herzukam und sich neben ihm auf seine Djellaba legte, auf den weiten Ärmel seines arabischen Mantels. Doch dann klopfte ein Diener. Mit der Nachricht, ein Geschäftsfreund sei unerwartet gekommen, warte draussen und wünsche ihn dringend zu sprechen, schreckte er den Propheten aus der Versenkung. Mohammed wollte aufstehen. In diesem Augenblick sah er die Katze.

Auch die Katze öffnete ihre Augen. Aber nur einen Spaltbreit. Dann schloss sie die Augen wieder. Nein, die Katze war nicht bereit, sich durch Mohammeds unwichtige Geschäfte stören zu lassen in ihrer viel wichtigeren Meditation. Einen Augenblick überlegte der Prophet. Dann rief den Diener zurück und bat lächelnd um eine Schere. Vorsichtig schnitt er damit den Ärmel seines Mantels rund um die Katze ab. Dann stand er auf und ging zu seinen Geschäften. Die Katze schien es nicht zu bemerken. Ungestört meditierte sie fort.

So erzählt es die muslimische Legende. Was den christlichen Sinn verblüfft, ist ihre innere Verwandtschaft mit den frühen Legenden um Franz von Assisi. So ist Franziskus mit seinem Bruder Esel umgegangen, so hat er mit dem Wolf von Gubbio gesprochen, so hat er die unablässig zwitschernden Vögel im Wald von Santa Maria degli Angeli gebeten, nun doch endlich einen Augenblick still zu sein, damit nicht nur sie ihm, sondern auch er ihnen etwas predigen könne.

Für diese Art, mit Tieren umzugehen, hatte der Italiener Franziskus ein französisches Wort. Er nannte es »courtoisie«. In allen Wörterbüchern steht dafür als Übersetzung »Höflichkeit«. Aber courtoisie ist etwas ganz anderes als unsere abgenutzte, fade, im besten Fall cool verlogene Höflichkeit. Dies ist ein Wort aus dem Leben mittelalterlicher Höfe. Courtoisie ist die Höflichkeit der Könige. Bei Franz von Assisi ist sie noch einmal etwas anderes. Bei ihm ist courtoisie Respekt aus Sympathie.

So hat Franziskus auch mit dem Feuer gesprochen, mit dem Wasser, so mit allen Gestirnen am Firmament. Und so mit dem Bruder Tod. Keine gelegentlich aufgesetzte Attitüde ist das, sondern die allerinnerste Hinwendung des religiösen Menschen zur Welt.

Vor allen Dingen ist courtoisie das Gegenteil von jenem Mitleid, das allzu viele im Umgang mit Tieren empfinden. Im Mitleid ist Herablassung. Im Mitleid ist sentimentale Anbiederung. Was Mohammed seiner Katze erwies, ist etwas anderes. Das Gleiche ist es wie bei Franziskus: Respekt aus Sympathie.

Dagegen unser modernes Mitleid mit den Tieren? Es ist nichts anderes als ein süßes Tröpflein Sentiment im bitteren Ozean industrialisierter Gnadenlosigkeit. Als atheistisch hätte Franziskus unseren Umgang mit Tieren empfunden. Mohammed gewiss auch.

Wahrlich wahrlich, ich sage euch: Ihr werdet nicht eingehen ins Himmelreich, wenn ihr euch nicht dazu bekehrt, mit Tieren so umzugehen wie Mohammed der Prophet.

4 GÖTTLICHER WITZ

Manche Kölner fliehen vor dem Karneval. Ich auch. Aber aus der Stadt fliehe ich nicht. Vor der Banalität und der Barbarei neudeutscher Lustigmacherei fliehe ich, mitten in Köln, in die katholischen Pfarrgemeinden.

Da ist das alte rheinische Milieu noch unter sich. Da, nur da, ist auch der Karneval noch, was er einmal war. Am schönsten aber wird es dort nach Mitternacht. Wenn die alten Kölner Witze ein letztes Mal erzählt werden. O die alten Kölner Witze über Gott und die Religion!

Wie hat sich doch Helmut Thielicke, der evangelische Theologe, über diese Witze geärgert. Höchstens »parachristlich« seien sie. Vorchristlich, quasichristlich also. Diesem katholischen Witz fehle nämlich der Sinn für die »Kleinheit« des Menschen, und somit auch dafür, dass »das Ewige steil über ihm steht.«

Das stimmt. Nicht den geringsten Sinn für die göttliche Transzendenz verrät der alte Kölner Witz, nicht den geringsten Respekt vor Gott selbst. Dies sind vielmehr Späße von einer schelmischen Zutraulichkeit, die selbst die religiöse Ironie der chassidischen Juden übertrifft. So wie Freunde sich manchmal übereinander lustig machen, wenn sie sich herzlich mögen, sich aber auch in ihren Schwächen, aus langer Vertraulichkeit, kennen, so klingt es, wenn die alten Kölner über Gott spotten.

Was ist Gottes Schwäche?

Auf Gott ist kein Verlass. Den Ungläubigen zeigt er

sich nicht. Seine Gläubigen lässt er im Stich. »Tränen sind mein Brot, da sie den ganzen Tag zu mir sagen: Wo ist dein Gott?«, heißt es im 42. Psalm. Doch während dies die andern Gläubigen alle, Juden wie Christen, tief betrübt, belustigt es die Kölner. Sie sind ja selber unzuverlässig. Mit ihrer Unzuverlässigkeit haben sie die Preußen so zur Verzweiflung getrieben wie der biblische Gott seine jüdischen und christlichen Gläubigen. Ihnen, den Kölnern ganz allein, ist ein unzuverlässiger Gott lieber als ein zuverlässiger. Als Komplize in der schelmischen Unzuverlässigkeit gehört er zur kölnischen Familie. Drum haben es fast alle religiösen Witze aus Köln zu tun mit dem unzuverlässigen Gott. Soll ich einen erzählen?

Nach einem langen Leben als Zechbruder und als Pumpgenie kommt Tünnes in den Himmel. Gleich begegnet ihm der liebe Gott. Um gute Umgangsformen bemüht, stellt Tünnes sich vor: »Jestatten Se, Tünnes«. Der liebe Gott seinerseits, genauso höflich, wenn auch etwas knapper: »Leeve Jott«.

Danach, meint Tünnes, sei es auch schon Zeit für das vertrauliche Du. »Leeve Jott«, beginnt er die himmlische Unterhaltung, »ist es eigentlich wahr, dass für dich tausend Jahre sind wie ein Tag?« – »Noch weniger«, antwortet der liebe Gott, »sie sind für mich wie ein Minütchen.«

»Wie viel«, fragt Tünnes weiter, »sind dann für dich eine Million Mark?« – »Och«, antwortet der liebe Gott, »nicht mehr als ein Groschen.« – »Ah«, sagt Tünnes, »dann leih mir jetzt bitte einen Groschen!« – »Gerne«, antwortet der liebe Gott, »warte nur ein Minütchen!«

5 SCHÖPFUNG AUS DEM NICHTS

Adolf von Harnack war umgezogen. Dass der Möbelwagen voll von Büchern war, konnte nicht verwundern bei ihm, dem großen protestantischen Kirchenhistoriker. Verständlich ist dennoch die Verzweiflung des Dieners, dem die Aufgabe zufiel, das alles auszupacken und in neue Regale zu stellen. Er deutete auf ein paar besonders schwere Kisten mit der Aufschrift »Theologie«. Wohin damit? Adolf von Harnack zögerte nur kurz: »Die Theologie stellen wir zur Belletristik!«

Die Wissenschaft von Gott zur Unterhaltungsliteratur? Die Kirchengeschichte zu den Romanen?

In Jerusalem habe ich die protestantische Anekdote Schalom Ben Chorin erzählt. Der alte Jude schüttelte den Kopf: »Ich würde die Theologie eher zur Geographie stellen.« Und er wies darauf hin, dass keine Wissenschaft so empirisch über die Religion Aufschluss gibt wie die Geographie. Kommt nicht der eine wahre Gott aus der Wüste? Hat nicht die Vielgötterei in den Dschungeln Indiens am schönsten geblüht?

Als Katholik bin ich in der beneidenswerten Lage, beiden, dem Protestanten Harnack und dem Juden Ben Chorin, rechtgeben zu dürfen. So gewiss wie zur Belletristik gehört die Religion zur Geographie. Allerdings würde ich weder in die Wüste reisen noch in die Dschungel Indiens. Nichts empfehle ich als eine kurze Pilgerfahrt nach Wien.

Dort hat Abraham a Sancta Clara gepredigt. Ihn hat

Friedrich Schiller zum Kapuziner verfremdet, zum Hanswurst auf der Kanzel. Zu Unrecht. So wenig wie Martin Luther war Abraham a Sancta Clara Kapuziner. Augustiner war auch er, auch er ein großer Theologe und fabelhafter Prediger.

Wenn Abraham a Sancta Clara vor dem kaiserlichen Hof predigte, dann stieg er auf die Kanzel, schlug die Bibel auf und legte den Finger auf eine beliebige Stelle. Über diesen Vers, den er vorher nicht kannte, predigte er aus dem Stegreif.

Er predigte so spannend, dass er Neider bekam. Abraham a Sancta Clara, höhnten sie, kenne seinen Bibelvers im Voraus. Um ihn vor dem Kaiser zu blamieren, versteckten sie eines Tages die Bibel.

Wie gewohnt stieg Abraham a Sancta Clara auf die Kanzel. »Hier müsste meine Bibel liegen«, rief er verblüfft. »Doch hier ist nichts! …

…. Aus nichts hat Gott die Welt erschaffen!« Eine volle Stunde predigte Abraham a Sancta Clara aus dem Stegreif über nichts. Und die Kaiserin hing an seinem Munde. Noch nie, sagte Kaiser Leopold danach, sei er so glänzend unterhalten worden.

Schöne Zeit, wo bist du? Kehre wieder, katholische Zeit, in der die Theologie wirklich noch Belletristik war und es in Deutschland keine spannendere Unterhaltung gab als eine Predigt vor dem Kaiser über nichts.

6 GOTTESLIEBE, GOTTESSPOTT

Nichts ärgerte Napoleon so wie ein Gesprächspartner, der ihm an Witz überlegen war. Maßlos geärgert hat er sich über Kardinal Consalvi, den Staatssekretär Papst Pius VII, der 1801 mit ihm das Konkordat verhandelte: Endlich verlor er die Fassung: »Eminence, ist es Ihnen klar, dass ich imstande bin, Ihre Kirche zu zerstören?« – »Sire«, antwortete Kardinal Consalvi, »nicht einmal wir Priester haben das in achtzehn Jahrhunderten fertig gebracht.«

Es ist wichtig zu wissen, dass Kardinal Consalvi ein gläubiger, frommer Diener seiner Kirche war. Und doch wusste er über sie mit der gleichen brillanten Schärfe zu spotten, als wäre er Voltaire. Die Frage ist erlaubt, warum es durch die Jahrhunderte so wenig Christen gegeben hat, die fähig waren zu beidem: leidenschaftlich zu glauben und schonungslos zu spotten.

Vielleicht liegt das an der Ökonomie der religiösen Seele. Wie die Körpersprache eines Beters und eines Spötters, so verschieden sind auch die Gefühle, die Gebet und Spott begleiten – so grundverschieden, dass der Versuch, beidem Raum zu geben im Gemüt, fast jeden überfordert. Will sie dennoch lustig sein, so weicht die christliche Seele aus in die Seichtheiten des »gesunden christlichen Humors«.

Er blüht. Keine Kirchenzeitung mehr ohne – früher undenkbar – lustige Karikaturen. Kein Pfarrblatt mehr ohne Witzecke. Keine Gemeindebücherei mehr ohne ein

Regal mit Lacherfolgen wie »Katholisch und trotzdem gut drauf« oder »Da lacht selbst Petrus«.

Worüber lacht Petrus? »Unser kleiner Franz ist zum ersten Mal in der Kirche. Als sein Blick auf die Kirchenorgeln fällt, bemerkt er keck: ›Tolle Musik aus den Auspuffrohren!‹« Da weint selbst Petrus. Er weint über die Infantilität, die selbstgefällige Selbstbeschmunzelung im »christlichen Humor«.

Die große antiklerikale Satire ist aus starker Bitterkeit über Gott und die Kirche entstanden. Die große religiöse Selbstironie auch. Diese kräftigen Gefühle der Bitterkeit gehören zur religiösen Erwachsenheit. Wo sie fehlen, da verkommt vor unseren Augen die christliche Gemeinde zur Hüpfburg froher Selbstgefälligkeit.

Seien wir uns darob nicht allzu gram. Der starke Witz über Gott und die Kirche gibt nämlich Zweifeln Raum, die das gläubige Gemüt schwer erträgt, weil solche Zweifel schwer vereinbar sind mit der Liebe zu Gott. Wer trotzdem beides zugleich in sich tragen möchte, Gottesliebe und Gottesspott, der braucht eine so weite, starke Seele wie Theresia von Avila.

Eines Tages wurde Theresia im Gebet entrückt bis vor das Angesicht Gottes des Vaters. Bitter beklagte sie sich über die schrecklichen Folterungen, die ihr Freund, Johannes vom Kreuz, im Kirchengefängnis von Toledo erlitten hatte. Da zeigte ihr Gott Vater seinen Sohn am Kreuz: »Schau her, Theresia, so behandle ich meine Freunde.« – »Ach mein Gott«, antwortete die heilige Theresia, »wenn du deine Freunde so behandelst, dann brauchst du dich nicht zu wundern, dass du so wenig Freunde hast.«

7 DIE TOTALE BEERDIGUNG

Alle waren sie gekommen. Die Berufskollegen des Verstorbenen, die Kölner Schrotthändler, frisch gebadet alle und gekämmt. Auch seine Freunde vom Biker-Club, erkennbar an ihren langen Schnäuzern. Natürlich auch die Lebensgefährtinnen der Schrotthändler und der Biker, auffallend elegant in schwarz gestylt. So viele waren gekommen, dass die Trauerhalle sie nicht fassen konnte. Alle aber, die drinnen in der Halle, die davor, lauschten reglos, hingerissen, der Stimme, die aus dem Lautsprecher scholl.

Die Witwe war anspruchsvoll gewesen. Statt des Pfarrers hatte sie einen freischaffenden »Event-Redner« bestellt. Mancher hätte jetzt nichts Besseres erwartet als eine entkernte Kopie kirchlicher Grabreden. Irrtum. Von Christentum, auch von Christentum light, keine Spur. Statt dessen der komplette Wortschatz der political correctness. Aber nicht, wie sonst, vorgetragen im sauren Tonfall pädagogischer Belehrung. Hier predigte ein großes Talent. Ein Abraham a Sancta Clara des 21. Jahrhunderts. Mit meisterhaftem Pathos hob er jeden einzelnen Abschnitt im Leben des Verstorbenen hoch in die politisch korrekte Vergangenheitsbewältigung: »Heinz hat erlebt, wie ein ganzes Volk der Verführung durch ein verbrecherisches Regime erlag.« So fing es an. So musste es anfangen. Doch es endete in der Verklärung: »In seinem Beruf als Schrotthändler hat er die große ökologische Aufgabe einer neuen

Epoche früh erkannt und mitgestaltet. Heinz hat für den Umweltschutz gelebt.«

Dann die lange Prozession von der Trauerhalle zum offenen Grab. Auf einen stummen Wink des Event-Redners trat aus der Tujahecke ein weißhaariges Männlein. Zur Handharmonika begann es sanft zu singen: »Wenn ich so an ming Heimat denke … .« Die alten Weisen rheinischer Heimatliebe! Zuerst begannen die Lebensgefährtinnen zu schluchzen. Dann heulten die Schrotthändler. Den Biker-Freunden liefen die Tränen in die Schnäuzer.

Es war die totale Beerdigung. Nur ein Begnadeter hatte auf die Idee kommen können, zwei so verschiedene Elemente wie die political correctness und das Heimatlied schöpferisch zu verbinden zum erschütternden Event. Selbst auf den Festen der Kölner Kleingärtner erklingen ja die alten rheinischen Melodien schon lang nicht mehr. Dennoch hat jeder sie noch im Ohr. Eben deshalb vermögen die alte Weisen, Menschen in einem Augenblick der Erinnerung und des Abschieds unwiderstehlich zu rühren. Ähnlich die political correctness. Manche halten sie für genauso überholt und spotten nur noch über sie. Das sind Banausen. Gerade weil im lebendigen Geschehen kaum einer sie mehr hören mag, wird die political correctness die Herzen der Menschen noch lange bewegen. In Augenblicken des Abschieds. In Trauerhallen. Aus dem Munde begnadeter Eventredner. Schenken wird sie uns noch lange, den alten Heimatliedern gleich, die bewegenden Gefühle einer einstmals von allen gesungenen, nun aber trostreich verklingenden Melodie.

8 LOB DER LADYKILLERS

Kaum getraue ich mich, es zu erzählen. Ich habe DVDs geschenkt bekommen. Und schaue seither immerzu denselben Film an: »Ladykillers« mit Alec Guiness als Gangsterchef. Jeden Abend denselben alten Film, wohl schon an die dreissig Mal. Kein Wunder, dass mich manche scheel mustern. Wenn einer zwanghaft jeden Abend wieder sehen will, wie fünf Gangster sich vereint bemühen, eine ahnungslose Lady zu ermorden, nährt der nicht selber tief in seiner Seele eine gefährlich verdrängte Mordlust gegen unschuldige alte Damen?

Psychoanalytisch klingt das plausibel. Aber es ist nicht wahr. Schließlich bin ich Stammgast im Kölner Café Wahlen. Das ist jenes Café am Ring, in dem sich die schönsten alten Damen der Stadt ein Stelldichein geben. Da setze ich mich gern dazu. Nicht weil ich alte Kölnerinnen ermorden möchte, sondern weil ich sie mag.

Wo die Psychoanalyse versagt, da schlägt die Stunde der Theologie. Romano Guardini war es, der als Erster darauf hingewiesen hat, dass nirgendwo so viel wiederholt wird wie in der Religion. Vollendet sich nicht die Weisheit des Ostens im endlosen Gleichklang des »Om mane padme hum«? Hat nicht die Frömmigkeit des Westens ihre Erfüllung gefunden im unablässig wiederholten »Du bist gebenedeit unter den Weibern«?

Allerdings klingt Guardinis Erklärung arg medizinisch. Wiederholung, sagt er, ist das innerste Prinzip gesunden

Lebens. Atmen wir nicht im Rhythmus allzeit gleicher Wiederholung? Schlägt nicht unser Herz, sich wiederholend, ewig gleich? Erst dann ist ein Mensch alt und verbraucht, erst dann braucht er einen Herzschrittmacher, wenn er nicht mehr fähig ist zur jugendlich gesunden, selbstverständlichen Wiederholung.

Anders gefragt: Warum sind Pornofilme so langweilig? Weil sie immerzu das Gleiche zeigen? Nein, im Gegenteil: Langweilig sind Pornofilme nur deshalb, weil sie sich krampfhaft und künstlich bemühen, eine Sache zu variieren, die schön nur ist in der allereinfachsten Wiederholung. Gemäß dem unvergesslichen Wort von Marilyn Monroe: »Do it again!«

Ich komme jetzt zu Goethe. Nicht umsonst beginnt das größte Dichtwerk deutscher Sprache mit einer Huldigung an das Prinzip Wiederholung: »Ihr naht euch wieder, schwankende Gestalten!« Stellt euch einen Augenblick vor, Goethe hätte das eine Wörtlein »wieder« ausgelassen. »Ihr naht euch, schwankende Gestalten« ist geistlos, glanzlos und banal. Aus dem »wieder« aber leuchtet Tiefsinn. Im »wieder« beschlossen ist alle Poesie. »Ihr naht euch wieder, schwankende Gestalten« ist genial.

Habt ihr Alec Guiness noch im Ohr? Wie er sich von seinem auserwählten Mordopfer nach der ersten Begegnung verabschiedet? Erzählt er ihr da im Flur noch rasch alles mögliche aufregend Neue? Nein. Wiederholung verheißt er ihr. Er verabschiedet sich von ihr so schön, wie nur ein alter englischer Gentleman sich von einer alten englischen Lady verabschieden kann. Mit einem betörend hingeworfenen »Au revoir!«

9 THEOLOGIE DER RATING-AGENTUREN

Heftige moralische Empörung zeugt nicht selten von geringer theologischer Bildung. Ein Beispiel dafür ist die französische Empörung über Berichte, wonach seit Jahr und Tag bei Standard & Poor's nicht mehr als zwei Personen, ein Deutscher und ein Slowake, Frankreichs Zahlungsfähigkeit überwachen. Man bedenke: Zwei namenlose Gnomen in New York führten eine Herabstufung herbei, die nicht nur Frankreich, sondern die halbe Finanzwelt erschüttert hat. Ist so etwas normal?

Theologisch betrachtet ja. Jene kirchliche Institution, die Standard & Poor's am ehesten gleicht, die Heilige Inquisition, hat mit genau so wenig Personal genau so erschütternde Entscheidungen gefällt. Die Spanische Inquisition zum Beispiel teilte jenes Weltreich Karls V, in dem die Sonne nie unterging, in zwanzig Distrikte ein mit jeweils zwei Inquisitoren. Genauso bearbeiten bei Standard & Poor's jeweils zwei »Analysten« ein großes Land oder mehrere kleine. So dass es, wie »Le Monde« berechnet, Standard & Poor's gelingt, insgesamt 127 Länder und staatliche Institutionen mit nicht mehr als vierzig »Analysten« zu überwachen – entsprechend genau den vierzig Inquisitoren für das spanische Weltreich.

Wie konnte die Spanische Inquisition bei so wenig Personal die halbe Welt in Angst und Schrecken versetzen? Sie machte es wie Standard & Poor's. Nicht oft schlug sie zu, dann aber spektakulär. So zum Beispiel am 22. August 1559, als sie den Primas von Spanien, Erzbischof Carranza, aus dem Bett heraus verhaftete. Er war der mächtigste katholische Kirchenfürst nächst dem Papst. Wenn nicht einmal der Erzbischof von Toledo vor der Heiligen Inquisition sicher sein konnte, dann war kein Mensch mehr sicher. Genauso jetzt die drei amerikanischen Rating-Agenturen. Wenn nicht einmal mehr die USA selber vor ihnen sicher sind, dann ist überhaupt kein Land mehr sicher vor Standard & Poor's & Moody's & Finch.

Dennoch fällt ein Unterschied ins Auge. Die vierzig »Analysten« bei Standard & Poor's seien, klagt »Le Monde«, so überfordert, dass viele »dem Arbeitsdruck gar nicht mehr gewachsen« sind. Das war anders bei der Spanischen Inquisition. Ganz anders. Ein Drittel des Jahres waren dort bezahlte Feiertage. Die tägliche Arbeitszeit war humanerweise beschränkt auf drei Stunden morgens und drei Stunden abends. Dazwischen war Siesta. Immer längere Siesten. Nach dem großen Autodafé von 1680 wurde die Siesta schließlich so lang, dass in Madrid überhaupt kein Autodafé mehr zu Stande kam.

Wer könnte heute den verrückten Arbeitseifer von Standard & Poor's & Moody's & Finch noch bremsen, bevor die ganze Finanzwelt in die Luft fliegt? Wohl nur der Papst selbst. Am besten durch ein Motu proprio, das den drei amerikanischen Agenturen 120 bezahlte Feiertage im Jahr verordnet, dazu höchstens drei Arbeitsstunden morgens und abends, dazwischen aber, nach kurzem business lunch, vier Stunden klassisch schöne spanische Siesta.

10 DER HEILIGE STEUERFLÜCHTLING

Warum ist eigentlich der heilige Antonius Einsiedler geworden? Kaum eine Frage scheint so müßig wie diese. Weiß doch jeder Gebildete: Der heilige Antonius ist in die Einsamkeit geflohen, weil er Angst hatte vor den Frauen. O die »Versuchungen des heiligen Antonius«! Von Hieronymus Bosch bis Matthias Grünewald sind sie ein klassisches Thema der Kunst.

Allerdings war Antonius der Einsiedler ein Ägypter des 3. Jahrhunderts; die Künstler, die sich seine erotischen Phantasien ausmalten, haben mehr als tausend Jahre später gelebt. Für das, was wirklich los war in der Einsiedelei des heiligen Antonius, gibt es aber einen zuverlässigen Zeitzeugen. Das ist der heilige Athanasius. »Oftmals«, schreibt der hochgebildete Alexandriner, habe er Antonius in seiner Oase besucht. Und jedesmal sei er aus dem Staunen nicht herausgekommen.

Einen Einsiedler stellt man sich nämlich einsam vor. Der heilige Antonius aber war in seiner Einsiedelei alles andere als einsam. In Höhlen und Hütten hausten, rings um Antonius, mehrere tausend Jünger. Eine regelrechte »polis«, eine »Stadt« von Jüngern sei entstanden um die Oase des Antonius.

Zweite Überraschung: Einen Jünger stellt man sich jung vor. Die Jünger des heiligen Antonius aber waren reife Männer. Was hatte sie hinausgetrieben in eine Landschaft, die im Alten Ägypten als tödlich galt?

Noch größer die dritte Überraschung: Diese Männer

hatte sich Athanasius abgezehrt und traurig vorgestellt. Etwas hager sahen sie wohl aus, doch zu gleicher Zeit waren sie göttlich guter Laune. »Denn«, so fährt Athanasius wörtlich fort, »hier wurde keiner mehr vom Steuereintreiber geplagt.«

Das ist die historische Wirklichkeit. Nicht vor Kleopatras ägyptischen Töchtern sind Antonius und seine Jünger geflohen, sondern vor der römischen Steuerfahndung.

Im Jahr 284 war in Rom Diokletian Kaiser geworden. Er hatte eine fatale Ähnlichkeit mit Deutschlands berühmtem Finanzpolitiker Peer Steinbrück. Das Wichtigste im Staat, dachte sich Diokletian, sei die gnadenlos korrekte Eintreibung der Steuern.

Es war die totale Besteuerung und es war der wirtschaftliche Ruin des Römischen Reiches. In Gallien zuerst brach ein blutiger Aufstand verzweifelter Steuerzahler los. Das war der »Bagaudenkrieg«. Gleich danach griffen in der Provinz Africa (Tunesien und Libyen) die bankrotten Bürger zu den Waffen. Am schlimmsten war es in Ägypten. Nicht etwa die armen Schlucker, vielmehr die reichen Grundbesitzer flohen zu Tausenden vor der römischen Steuerfahndung hinaus in die Wüste. Ein solcher Großbauer, berichtet Athanasius, sei auch Antonius gewesen. Vor seiner Flucht vor den römischen Steuereintreibern habe er achtzig Hektar Land besessen, »fruchtbar und schön anzusehen«.

Lasset uns beten!

Heiliger Antonius, Patriarch der Eremiten und Schutzpatron der Steuerflüchtlinge! Aus deinem himmlischen Steuerparadies blicke gnädig herab auf uns geplagte Steuerzahler des 21. Jahrhunderts. Schütze die letzten Steueroasen der Christenheit. Segne die Schweiz!

11 VOLTAIRE UND DIE VORURTEILE

Je länger das große Deutschland eindrischt auf die kleine Schweiz, desto mehr wächst in Europa, leise, aber stetig, die Beklemmung. Heute die Schweiz und morgen wer? Wenn es die Deutschen heute für ihre selbstverständliche Aufgabe halten, an der Bahnhofstraße in Zürich deutsche Ordnung zu machen, werden sie morgen nicht entdecken, dass es noch viel bessere Gründe gibt, in Warschau Ordnung zu machen oder gar in Kiew?

Nein. Solche Ängste sind unberechtigt. Gewiss ändert sich zur Zeit die Einstellung der Deutschen zu den anderen Völkern Europas in auffälliger Weise. Aber das ist nichts Schlechtes, sondern etwas Gutes. Auch wenn es leider Gottes auf Kosten von uns Schweizern geht. Aber das macht nichts. Sind wir doch die nächsten Verwandten der Deutschen. Von Verwandten muss man sehr viel ertragen können.

Schließlich haben die Deutschen auch schon viel ertragen müssen. Zum Beispiel die Umerziehung durch ihre alliierten Befreier. Da haben sie einsehen müssen, dass alles, was sie vorher im Kopf hatten, Lügen waren. Lügen waren es in der Tat. Nur haben die Befreier bei der Umerziehung einen kleinen Fehler gemacht: Die Lügen in den Köpfen der Deutschen haben sie durch Märchen ersetzt.

Das schönste Märchen der reeducation aber war die Erziehung der Deutschen zur Vorurteilslosigkeit. Alle Völker sind gut, gleich gut sogar. Wer etwas anderes behauptet, ist böse. Denn er hat Vorurteile. Dass diese Märchenblase nachkriegsdeutscher Vorurteilslosigkeit jetzt platzt, mag manche wundern. Verwunderlich ist eher, dass es so lange gedauert hat, bis sie platzt. Vielleicht deshalb, weil es schon früher einmal einen alten deutschen Aberglauben gegeben hat, alle Welt sei gut. Voltaire, sonst ein Kämpfer gegen alle Vorurteile, hat sich nach seinem Aufenthalt in Deutschland darüber in »Candide« totgelacht. Nach Voltaires Ansicht sind nämlich nicht alle Völker gleich gut. Vielmehr sind alle gleich schlecht. Ist es vielleicht diese ganz andere, aber dennoch klassische Art von Vorurteilslosigkeit, zu der sich die Deutschen jetzt endlich, mehr als zweihundert Jahre nach Voltaire, durchringen?

Hoffentlich ja. Kein Land schien ihnen so gut zu sein wie die Eidgenossenschaft. Waren die Schweizer nicht die Ersten, die nach dem Krieg wieder mit ihnen Fußball spielten? Die auch als Erste wieder mit ihnen über Goethe redeten? Die ihnen, als sie hungerten, viele Millionen Care-Pakete schickten? »Bern hilft Berlin«, hieß die Aktion. Wenn das kein gutes Völklein war.

Und jetzt! Lest es nur in der »Süddeutschen«, lest es im »Stern«. Dieses scheinbar beste aller Nachbarvölker ist in Wirklichkeit eine einzige Verbrecherhöhle. »Tatort Schweiz«! Eine winzige, aber hochgefährliche Giftspinne ist das, die das große, unschuldige, ahnungslose Deutschland gewissenlos aussaugt.

Jetzt aber ist es herausgekommen: Die Schweiz ist schlecht. Und das ist gut so. Alle Völker sind nämlich schlecht. Wir Schweizer aber sind das schlechteste Volk – ausgenommen alle andern.

12 WAHRE LIEBE

Solothurn, am Fuß des Jura, rühmt sich, die »schönste Barockstadt der Schweiz« zu sein. So makellos fügt sich über dem Fluss Aare die märchenhafte Kulisse der alten Patrizier-Häuser zur Sankt-Ursen-Kathedrale. In dieser schönsten aller Städte habe ich das Schönste kennengelernt, was es auf Erden gibt: wahre Liebe.

Auf einem Balkon war das auf der andern Seite des Flusses. Über verrostetem Gestänge und vermoderten Brettern, von Gestrüpp wild umwachsen, hängt dieser Balkon so schräg, als flösse unter ihm nicht die idyllisch blaue Welle der Aare. In Indien nur, über den mystisch dunklen Wassern des Ganges, habe ich solche Balkone gesehen. Ein einziges Begehren erfüllte jäh mein Herz: Wie gelange ich auf den magischen Balkon?

Es erwies sich, dass dieser Balkon zu einem italienischen Café gehört. Doch nur durch einen schmalen, finster verwinkelten Gang gelangt der Fremde zum Balkon. Und er muss sich dabei ein paar mediterrane Blicke gefallen lassen, die nicht unbedingt zum Weitergehen einladen. Unbeirrt ging ich weiter. Draussen auf dem Balkon setzte ich mich. Ich war allein. Einen »thé crème« bestellte ich und genoss aus vollkommenem Blickwinkel das vollkommene Bild von Solothurn. In diesem Augenblick kam sie.

Kam und setzte sich am Nebentisch schräg vor mich hin. So störend, dass ihre Silhouette jene Silhouette der Stadt, die ich verliebt betrachtet hatte, gänzlich verstellte.

Dass sie ebenfalls einen »thé crème« bestellte, tröstete mich nicht. Das Erstaunliche war, dass sie selber offenkundig nicht wahrnahm, wie sehr sie mich störte. Selbst die schönste aller Städte würdigte sie so wenig eines Blickes wie mich. Vielmehr zog sie ein schmales Büchelchen aus der Tasche und begann zu lesen.

Nichts anderes blieb mir übrig, als statt der Silhouette von Solothurn ihre Silhouette in mich aufzunehmen. Nach Kleidung und Frisur war die junge Solothurnerin zwar hübsch, doch von trivialer Durchschnittlichkeit. Dennoch war um ihre Züge, soweit ich sie von der Seite her scheu studieren konnte, ein ungewöhnlicher, fesselnder Zauber. Was war es nur?

Das lesende Mädchen war glücklich. In sich selbst so glücklich, dass sie weder Solothurn wahrnahm noch mich. Und dieses Glück spielte in all ihren Zügen, während sie versonnen las.

Endlich stand sie auf. Das Büchlein ließ sie ebenso zurück wie ihren Sack. Offensichtlich hatte sie nur kurz etwas zu besorgen. Ich nutzte den Augenblick, um mich zu erheben. Hoch bis auf die Zehen. Denn ich wollte sehen, was sie las und was ihr ein so hohes Glück bescherte.

Es war ein Photo-Roman. So gewöhnlich wie das Mädchen selbst. Doch ungewöhnlich gewöhnlich war sein Titel, zeugend von ungewöhnlich elementarem Glück. Über dem Photo-Roman stand »Wahre Liebe«.

Sie kam zurück, las weiter, glücklich wie zuvor. Dass neben ihr ein Mann saß, ein wirklicher Mann, nahm sie beharrlich nicht wahr. Es hätte sie nur stören können im Glück der wahren Liebe.

13 ERINNERUNG AN DEN ZÖLIBAT

Mitternacht, die Geisterstunde. Durch die dunklen Gassen von Assisi gellt der Schrei des Wächters: »Aiuto! Zu Hilfe! Einbrecher sind im Haus des Favarone. Die Totentür ist aufgebrochen!«

Wer das Entsetzen des Wächters ermessen will, muss wissen, dass im Assisi des 13. Jahrhunderts der Aberglaube herrschte, jede Tür, durch die ein Leichnam hinausgetragen wurde, sei behaftet mit dem Fluch des Todes, und jeder Lebendige, der durch eine solche Tür gehe, müsse selber sterben. Deshalb hatten die Häuser neben der eigentlichen Haustür noch ein kleines Totentürchen, durch das, wenn einer im Haus starb, der Leichnam hinausgereicht wurde.

Und jetzt, nach fieberhaftem Suchen, ein zweites, noch größeres Entsetzen. Nein, kein Verbrecher war so verrückt gewesen, einzubrechen durch eine Totentür. Clara, Favarones eigene Tochter, hatte den Fluch des Todes auf sich genommen, um auszubrechen aus dem streng verschlossenen väterlichen Haus.

Clara war eines der schönsten Mädchen Umbriens. Ihr Vater war adelig, mächtig und reich. Zu Dutzenden machten die jungen Männer aus den besten Familien von Assisi und Perugia ihr den Hof.

Sie wollte keinen. Zu Franziskus wollte sie in tiefer Nacht. Zum verlorenen Sohn eines Bürgerlichen. Zu ihm, der sich selber als »jongleur de Dieu« bezeichnete, als »Clown Gottes«. Zu ihm, dem Sänger und Tänzer der Gottesliebe, der unten, im Eichenwald von Santa Maria degli Angeli, in einer Laubhütte lebte. In der Gesellschaft von Aussätzigen. Zu ihm, mit dem es nie ein schönes Zuhause geben würde, Kinder nie und kein Familienglück. Ihn, den zölibatären Spinner, ihn allein hat Clara gewollt. Durch alles Elend und Unglück seines Lebens wird sie in aller Keuschheit zu ihm halten.

Im Jahr 1224, zwei Jahre vor seinem Tod, hatte Franz auf dem Berg Alverna jene furchtbare Vision, bei der er fast erblindet und verblutet wäre. Freunde wollten ihn zu einem Arzt nach Rieti bringen. Unterwegs, in San Damiano, wo Clara wohnte, machten sie halt. Aber Franz, der nie so etwas wie ein Haus und ein Bett für sich gewollt hatte, wollte nicht drinnen übernachten. Da baute ihm Clara draussen im Garten eine Laubhütte. Eine Laubhütte wieder wie damals im Wald bei Assisi.

Es heißt, dass Franz in jener Nacht vor Schmerzen fast umgekommen sei. Doch als der Tag anbrach, trat der Erblindete vor seine Hütte, hob die Arme zum Himmel und sang den »Cantico delle Creature«. Der Sonnengesang des heiligen Franziskus! Für sie, für Clara, in ihrem Garten hat Franziskus ihn zum ersten Mal gesungen.

Bald wird es keinen Zölibat mehr geben. Dann erst werden sie euch wieder in Erinnerung kommen, die abertausend Liebesgeschichten aus dem Zölibat. Es sind die schönsten Liebesgeschichten Europas. Und es wird Frauen geben, die merken, was sie mit dem Zölibat verloren haben: die Begegnung mit einem ganz anderen, mit einem intelligenten, von Gottesliebe und von Poesie erfüllten Mann.

14 LOB DER LÜGE

Von all seinen unsterblichen Satiren hat Boccaccio selber keine so geliebt wie die Geschichte von Pater Cipolla. Drum lässt er sie in seiner Heimatstadt Certaldo spielen. Dort, so erfahren wir, wurde Pater Cipolla längere Zeit vermisst. Als er wiederkam, tat er geheimnisvoll: »Wisst ihr es nicht? Ich habe eine Wallfahrt nach Jerusalem gemacht, und weit darüber hinaus, bis nach Lügien und Trügien, und nach Erfindien sogar. Und von dieser Wallfahrt habe ich euch die wundertätigste aller Reliquien mitgebracht. Hier in dieser Schatulle steckt die wunderbare Feder, die der Engel Gabriel bei der Verkündigung in Nazareth verlor.«

Es lebten aber in Certaldo zwei durchtriebene Spitzbuben, Giovanni und Biagio mit Namen. Auf Zehenspitzen brachen sie ein in Pater Cipollas Kammer. Öffneten lautlos die kostbare Schatulle. Klauten ruchlos die schönste aller Papageienfedern. Legten dafür grinsend in die Schatulle drei schwarze Brocken Kohle.

Die halbe Toskana drängte in die Kirche von Certaldo, als Cipolla tags darauf mit seiner Schatulle ahnungslos auf die Kanzel stieg. Kaum zu ertragen war die Spannung noch, als er, nach langen Litaneien und nach inständigem Bekenntnis seiner Sünden, die wunderbare Schatulle vor aller Augen feierlich öffnete.

Ein Raunen der Entgeisterung ging durch das überfüllte Gotteshaus. Was, das sollte die Feder des Engels Gabriel sein, diese drei hässlichen Brocken Kohle?

In diesem Augenblick tödlich drohender Blamage war einer nur in der Kirche von Certaldo, der die Fassung nicht verlor: Pater Cipolla selbst. In größter Seelenruhe klappte er seine Schatulle wieder zu. Dann, aus dem Stegreif, hob er an zu der spannendsten Predigt, die Certaldo jemals gehört hatte: » … Ja, so abenteuerlich war meine Wallfahrt. Und wie viele wunderbare Reliquien ich euch heimgebracht habe! Nicht nur jene Feder des Engels Gabriel, von der ich euch schon gestern berichtet habe, sondern auch eine Ampulle mit Glockenklang vom Tempel Salomons, überdies ein Fläschlein mit dem Schweiß, den der Erzengel Michael beim Kampf mit dem Teufel vergossen hat. Und jetzt das Allerschönste. Schaut her: Hier, aus Erfindien heimgebracht, drei wundertätige Kohlen vom Feuer, auf dem der heilige Laurentius geröstet wurde. Wer immer sich von mir mit diesen drei wunderbaren Kohlen ein Kreuz auf den Kopf malen lässt, der ist vor allen Übeln, von denen er noch gar nichts weiß, wunderbar gefeit.«

Da drängten Menschen ohne Zahl hin zum Altar, um sich von Pater Cipolla ein kohlenschwarzes Kreuz auf die Stirn malen zu lassen. Und keiner war, der nicht hocherbaut und hocherfreut von dannen zog. Und alle priesen Gott, den frommen Pater Cipolla und seine wunderbaren Reliquien.

So wunderschön endet Boccaccios Erzählung. So wunderschön ist die Religion. Sie ist so schön wie die Liebe. Nicht dass die Liebe Lüge wäre. Doch gibt es keine Liebe ohne schöne Lügen. Und ohne schöne Lügen keine Religion.

15 MASKENSPIEL IN PERUGIA

Der Engländer, der neben mir auf der Domtreppe von Perugia saß, hielt sein Gesicht in beide Hände vergraben. »I can't believe it«, stöhnte er immerzu, »I can't believe it. Was hier los ist, spottet der Beschreibung.«

Was war Unglaubliches los, damals, im Jahr 1957, auf dem großen Platz zwischen Dom und Rathaus von Perugia? Auf den ersten Blick überhaupt nichts. Nichts als die übliche Szene beschäftigungsloser italienischer Jünglinge, die in kleinen Gruppen um die Piazza herumhingen, bemüht, sich selbst zu unterhalten. Und etwas Unauffälliges dazu. Der Fontana Maggiore gegenüber stand damals noch ein Zeitungskiosk. Ein normaler kleiner italienischer Kiosk. Da drin versteckt hat das Unglaubliche sich zugetragen.

Aus den Cliquen gelangweilter Jünglinge löste sich von Zeit zu Zeit einer, schlenderte, scheinbar absichtslos, um den Platz und steckte seinen Kopf tief in den Kiosk. Wenn er ihn wieder herauszog, war er ein anderer Mann. Ausgerüstet mit der neuesten Sonnenbrille aus Florenz, mit einer Zeitung unterm Arm, mit einem Paar feiner Lederhandschuhe in der Hand, war er jetzt ein Mann von Welt. Eine Persönlichkeit. So stolzierte er den Corso Vannucci einmal hinab, wieder herauf und einmal um den Brunnen. Dann jedoch, nach genau fünfzehn Minuten, war es auch schon Zeit, Sonnenbrille, Zeitung und Handschuhe in den Kiosk zurückzureichen. Cinquanta Lire, fünfzig Lire nur hatte die gemietete Maskerade gekostet.

O wie der Engländer neben mir über die Eitelkeit der Italiener spottete! Dass ich nicht mitlachte, lag keineswegs daran, dass ich weniger Vorurteile gegen die Italiener hatte. Etwas anderes ging mir durch den Sinn. Tertullian! Unter den großen Denkern der christlichen Antike ist er der geistreichste. Die gewagtesten Wortspiele der Theologie verdanken wir ihm. Zum Beispiel hat Tertullian das Wort »trinitas« (»Dreifaltigkeit«), das es vor ihm im Lateinischen nicht gab, überhaupt erst erfunden. Was meinte Tertullian mit seiner Lehre vom einen Gott in drei Personen?

»Persona« hieß die Maske, hinter der ein antiker Schauspieler auf der Bühne sein eigenes Gesicht verbarg. So auch sieht keiner von uns die Gottheit selbst. Thomas von Aquin sagt es noch schärfer als Tertullian: »Neque catholicus neque paganus«, weder Katholik noch Heide sieht, was die Gottheit in sich selbst verbirgt. Was wir erkennen, ist Maske. Was sich uns zeigt, sind die drei göttlichen Personen.

Und da wir nicht erkennen, was in der Gottheit ist, erkennen wir auch den Menschen in sich selber nicht. Nur seine Maske erkennen wir. Nur seine Person. Oder, deutsch und anspruchsvoll gesagt: nur die Persönlichkeit. Seit jenem vergangenen Spektakel auf dem Domplatz von Perugia habe ich viele Persönlichkeiten kennengelernt. Keine war mehr wert als jene Maskerade aus Sonnenbrille, Handschuhen und Zeitung, die es einst, im Jahr 1957, in Perugia an einem winzigen Kiosk zu mieten gab. Für nur cinquanta Lire.

16 DER TÖRICHTE JÜNGLING

Gar viele Jünglinge haben ein gar großes Maul. Das größte Maul aber, so wird berichtet, hatte einst, weit draussen in der Salzwüste Ägyptens, ein Jünger des heiligen Paphnutius. Während die anderen Jünger, dem Vorbild des heiligen Paphnutius folgend, beteten und arbeiteten, prahlte dieser eine mit seiner sexuellen Potenz: »Auch wenn ich zehn Weiber nähme, könnte ich meine Begierde nicht stillen.«

Es ist jetzt wichtig zu wissen, dass damals, unter den frühen christlichen Heiligen, ganz andere Regeln galten als heute bei uns in der katholischen Kirche. Regel No. 1: Ein Heiliger sollte selbst Vorbild sein, auf keinen Fall jedoch andern Menschen Belehrungen erteilen. Und so sagte der heilige Paphnutius zu den Prahlereien jenes Jüngers kein Wort. Regel No. 2: Es gab keine Gelübde und keinen Gehorsam. Jeder konnte kommen, wann er wollte, und ebenso frei wieder gehen. So nahm es der heilige Paphnutius kaum wahr, als jener halbstarke Wichtigtuer eines Tages aus dem großen Kreis seiner Jünger verschwand.

Es fügte sich aber, dass der heilige Paphnutius, ein paar Jahre später, betend durch ein Dorf am Nil gezogen kam. Im Marktgewimmel kam ihm ein junger Mann entgegen, der schwer beladen war mit Körben und Tongefäßen. So ausgezehrt und elend sah der junge Mann aus, dass Paphnutius ihn nicht wiedererkannte. Doch jener rief ihm zu: »Erkennst du mich nicht? Ich war doch einmal, draussen in der Wüste, dein Schüler!«

Überrascht musterte der heilige Paphnutius den erschöpften Jüngling. »Es fehlte nur«, sprach er kopfschüttelnd, » dass du wirklich zehn Weiber genommen hast.« Da warf der Unglückliche sich dem Heiligen weinend an die Brust: »Um die Wahrheit zu sagen, ich habe nur eine genommen. Und habe doch die größte Mühe, ihr und ihren Kindern genügend Brot zu verschaffen.«

Käme der heilige Paphnutius in unseren Tagen wieder, er würde sich über nichts wundern. Nicht über die neuesten Berichte deutscher Zeitungen, in denen das erschütternde Schicksal junger Väter geschildert wird, die von gnadenlosen feministischen Familienrichterinnen in den finanziellen, ja oft in den nervlichen Ruin getrieben werden. Durch maßlose Unterhaltszahlungen für Frau und Kinder. Diese bedauernswerten jungen Männer, so wird glaubhaft berichtet, schuften nur noch und darben, in unsäglichem Jammer, weit unter der Armutsgrenze.

Ob das wirklich nur an den gnadenlosen feministischen Richterinnen liegt? Ich meine, es liegt eher am mangelhaften Sexualkunde-Unterricht an deutschen Schulen. Da werden anatomische Banalitäten verzapft, die doch jedes Kind längst kennt. Wie viel nützlicher wäre es, in der Sexualkunde wieder vermehrt Heiligengeschichten zu erzählen. Zur christlichen Erbauung für jene törichten Knaben, die heute in deutschen Grundschulen, ja schon in Kindergärten mit ihrer Potenz genauso unbedacht prahlen wie einst, weit draussen in der Salzwüste Ägyptens, der törichte Jünger des heiligen Paphnutius.

17 MIT ODER OHNE FERNROHR

Jetzt starren wieder einmal alle nach oben. Mit über hundert Organisationskomitees feiert die Uno weltweit das »Jahr der Astronomie«. Und alle feiern mit. Der Grund scheint überzeugend: Vier Jahrhunderte sind es her, seit Galileo Galilei sein Fernrohr zum ersten Mal nach oben gerichtet hat. Zum Himmel der modernen Astronomie.

Das stimmt. Nur übersieht die Uno das Wichtigste. Im selben Jahr, in dem er sein Fernrohr nach oben richtete, hat Galilei sein Fernrohr auch erstmals nach unten gerichtet. Mit Folgen, die ungleich gravierender sind als alle Sternguckerei.

Das war hoch auf dem Campanile von San Marco in Venedig. Andächtig um den grande professore versammelt Venedigs Feldherren. Stolz richtete er sein frischgebautes Fernrohr hinab auf die Kriegs- und Handelsschiffe tief unter ihm in der Lagune. Und pries sein wissenschaftliches Instrument mit Worten, die er selber so protokolliert hat: »Auf dem Meer werden wir die Fahrzeuge, ja die Segel des Feindes zwei Stunden vorher schon entdecken, bevor er uns sieht. Indem wir so die Zahl und Art seiner Schiffe unterscheiden, können wir seine Stärke beurteilen, um uns zur Verfolgung, zum Kampf oder zur Flucht zu entschließen. Das Gleiche zu Lande. Auch dort können wir die Lager und Verschanzungen des Feindes von fernen, hohen Stellungen aus beobachten. Auch auf offenem Felde können wir zum eigenen Vorteil jede seiner Bewegungen und Vorbereitungen sehen und in allen Einzelheiten unterscheiden.«

Yes we can. »Wir werden« und »wir können«. Bedingungslos, bedenkenlos identifiziert Galileo Galilei sich und sein famoses Fernrohr mit dem Militär in Venedig.

Und mit dem Militär in Florenz. Kaum nämlich hatte ihm der Rat von Venedig in Würdigung seines militärischen Eifers ein Jahresgehalt von tausend Gulden zugesprochen, da eilte Galileo Galilei heim nach Florenz, um sein Fernrohr genauso bedenkenlos, genauso skrupellos Cosimo II, dem Großherzog von Toskana, anzudienen: »Euch, meinem angestammten Fürsten und Herrn, damit es in seinem Willen stehe, über die Erfindungen und den Erfinder nach seinem Belieben zu verfügen.«

Das ist jener Galileo Galilei, der nicht zögern wird, seinen Bewunderer und Beschützer, seinen väterlichen Freund, Papst Urban VIII, vor ganz Italien als »Simplicio« – als »Einfaltspinsel« – zu veralbern. Diesem Cosimo dagegen huldigt er unterwürfigst als seinem »principe assoluto«. Gleich widmet er ihm die neu entdeckten Jupitermonde. Der angehimmelte absolute Feldherr war gerade 19 Jahre alt.

Ein paar Jahre erst ist es her, da hat Bertolt Brecht von »Galileis Verbrechen« gesprochen, von seiner »Erbsünde«, deren katastrophale Folge die wissenschaftliche Hochrüstung des Militärs mit Atombomben ist. Keiner scheint mehr Brecht zu lesen. Die Uno jedenfalls nicht. Mit oder ohne Fernrohr halten wir es alle wieder mit dem Apostel Paulus: »Suchet, was oben ist, nicht was unten ist auf der Erde.« (Kolosser 1, 2)

18 DAS GEHEIMNIS DES BÖSEN

Siehe, ich verrate euch ein großes Geheimnis: Ich war im Reich des Bösen. Quer durch Nordkorea bin ich gefahren, von der Westküste zur Ostküste, vom Yalu bis nach Panmunjom, 3000 Kilometer durch alle Städte, auf allen denkbaren Straßen und Wegen. Und bekam dabei, wie zu erwarten, Böses zu sehen. Ganz unerwartet aber sah ich auch Gutes. Sobald ich jedoch jetzt, nach meiner Rückkehr aus dem Reich des Bösen, im Gespräch mit Freunden nur schüchtern andeute, dass es dort auch Gutes gebe, bricht rings um mich einträchtig die helle Empörung los.

Ein Beispiel? Mein Eindruck war, dass die meisten Nordkoreaner gesundheitlich in besserer Verfassung sind als die meisten Deutschen. Das liegt an der Ernährung und an der Bewegung zugleich. Karg ist die Ernährung, aber ausreichend. Da es kaum Autos gibt, bewegt sich das ganze Volk, zu Fuß und auf dem Fahrrad, unvergleichlich mehr als wir. Von Kindesbeinen auf. Wohl hatte ich vorher viel gelesen über die hungernden Kinder in Nordkorea. In Krankenhäusern, Krippen habe ich sie umsonst gesucht. Dreitausend Kilometer lang habe ich scharf aus dem Auto nach ausgemergelten Kindern gespäht. Unzählige Kinder habe ich gesehen, wie sie auf den verkehrsarmen Straßen sicher rennen und spielen. Wenn sie denn hungern, so hungern sie – darf ich es sagen? – pausbäckig und munter.

Maßlos empört sind meine rechten Freunde, wenn ich das zu sagen wage. Für sie ist ja Nordkorea die letzte perfekte Ikone kommunistischer Unmenschlichkeit. Noch empörter aber sind meine linken Freunde. Als hätten sie es dringend nötig, am Beispiel Nordkorea klarzumachen, dass sie wohl links sind – aber nicht sooo. Links, aber liberal sind sie alle. Und deshalb über Nordkorea maßlos empört.

Empörung rechts, Empörung links, Empörung total. Warum? Das ist eine theologische Frage. Vom »mysterium iniquitatis« hat die klassische Theologie gesprochen, vom »Geheimnis der Bosheit«. Der Einzige allerdings, der für dieses mysteriöse Mysterium eine Erklärung hat, ist ausgerechnet Papst Benedikt XVI. Nach jener globalen Welle der Empörung über das Interview, in dem Piusbruder Williamson den nationalsozialistischen Judenmord verharmlost hatte, sah sich der Papst genötigt, am 10. März 2009 einen Brief an alle Bischöfe zu richten. Darin schließt er sich zuerst, wie zu erwarten, der allgemeinen Empörung an, bedauert auch zutiefst, wie ebenfalls zu erwarten, eigene »Pannen« in dieser Sache. Doch dann äußert Benedikt einen unerwarteten Gedanken: Wie ist es möglich, dass eine so winzige, abseitige Gruppe wie die Piusbrüder – samt Anhang nicht einmal 0,04 % der Katholiken – eine derart totale, weltumfassende Empörung auslöst? Ihm scheine, schreibt der Papst, dass jede Zeit eine Gruppe brauche, die alle vereint als das absolut Böse brandmarken dürfen.

Recht hat der Papst, in diesem Fall sogar unfehlbar recht: Wir alle brauchen etwas absolut Böses. In der Religion sind das die Piusbrüder. In der Politik ist es Nordkorea.

19 FÜHRERS IDYLLE

Auf offener Straße von zwei jungen Frauen ausgelacht zu werden, ist für einen älteren Herrn nicht unbedingt angenehm. In Wien allerdings ist es das reine Vergnügen. »Soso«, musterte mich die eine, »Sie wandeln also auf Adolfs Spuren.« »So einer sind Sie«, sagte kopfschüttelnd die andere, »hinterm Adi laufen Sie her.« Und es lachten mich die beiden Schönen von Herzen aus.

Auf die falsche Fährte gesetzt hatte mich Reinhold Schneider. In seinem berühmten Tagebuch »Winter in Wien« schildert er alle Denkmäler habsburgischer Herrlichkeit. Dann plötzlich ein anderer Ton: Im Herzen der Stadt, nicht weit vom Stephansdom, habe er die »Kloaken« gesehen, die »lichtlosen, übelriechenden Höfe«, aus denen »der Herr der zwölf Jahre hervorgekrochen ist«.

Hitlers Männerheim! Der Ort, wo er nach eigenem Bekunden das äußerste Elend durchgemacht hat. Wo er, nach dem Urteil von Sebastian Haffner, zum Feind der Menschheit geworden ist. Es musste um die Ecke liegen. Und ich fragte die Leute. Dass alte Wiener so unwirsch sein können! Doch einer gab wenigstens Auskunft: »Sie sind am falschen Ort. Fahren Sie in den 20. Bezirk! In der Meldemannstraße liegt Hitlers Männerheim. Fragen Sie dort!«

Die beiden jungen Schönen in der Meldemannstraße waren noch ganz damit beschäftigt, mich auszulachen, als eine mütterliche Dame mich am Ärmel zupfte: »Mein

Mann hat Ihre Frage gerade mitgehört. Er getraut sich aber nicht selber. Ich soll es Ihnen sagen: Da drüben ist es, Meldemannstraße 27.«

Und keine Spur von »Kloake«, von »lichtlosen Höfen«. Noch heute erkennbar war das Männerheim in der Wiener Meldemannstraße für Arbeitslose jener Zeit ein Paradies. Ein Modell sozialdemokratischer Solidarität mit den sozial Schwachen. Mit Licht und Luft, mit Bastelräumen, mit einer Bibliothek, mit zwei Leseräumen (einem für Nichtraucher), vor allem mit einem wunderbar großen Park. Was für ein perfekter Scharlatan war der Führer, dass er dies als Ort des Elends so überzeugend schildern konnte, dass selbst ein Reinhold Schneider, gar ein Sebastian Haffner ihm glaubten.

Warum aber war der Park, als ich ihn besuchte, von Baumaschinen zerwühlt, das Haus mit Gerüsten umstellt? Ein großes Plakat in der Nebenstraße informierte die Bürger Wiens über den staunenswerten Umbau von Hitlers Männerheim: »Hier entsteht das Seniorenschlössl ›Wia dahoam‹.«

So endet das Verbrechen in der Idylle. Im Biedermeier endet die Tragödie. Im Seniorenschlössl »Wia dahoam«.

Ach wäre er dahoam geblieben! Ihm zuliebe hätte die Stadt Wien diesen Umbau gewiss gern vorgezogen. Friedlich, im Seniorenschlössl, wäre seine Existenz verdämmert. Und wenn er, am Stock durchs Viertel schlurfend, vom furchtbaren Elend seiner Jugend erzählt hätte, dann hätten ihn die schönen jungen Wienerinnen in der Meldemannstraße ganz einfach ausgelacht.

20 DER HUT VON CELEBES

Durch einen besonders auffälligen Hut den Glauben öffentlich zu bekennen, gehört zu den ältesten Sitten der Menschheit. Man denke nur an jenen protestantischen Hut, den einst die Eingeborenen auf Celebes von ihren holländischen Missionaren bei der Taufe geschenkt bekamen. Rundum trug dieser christliche Bekennerhut die goldene Inschrift: »Treuer Untertan ihrer niederländischen Majestät«. Ein solcher Hut, so wird bezeugt, trug dem Neuchristen auf Celebes so viel Ehrerbietung ein, dass er ihn ein Leben lang nicht mehr vom Kopf nehmen mochte. Oder man denke an jene noch viel ältere Kopfbedeckung, mit der sich der heidnische Opferpriester im Alten Rom, der flamen dialis, großen Respekt zu verschaffen wusste: Auf seinem Haupt trug er eine Art Mitra. Von jenem hohenpriesterlichen Hut, den der Papst heute noch trägt, unterschied sich dieser altrömische »apex« jedoch durch ein Hölzlein, das an einem Schnürlein von der Hutspitze herunterbaumelte.

Es wende keiner ein, dies seien alles alte Hüte. Ja gewiss. Aber warum trägt denn keiner mehr einen protestantischen Kolonialhut oder eine altrömische Mitra? Weil niemand mehr an Jupiter glaubt und niemand mehr an die Königin der Niederlande. Es ist ein neuer Glaube, der uns alle im Innersten erfüllt. Dringend fehlt uns ein neuer Hut als öffentliches Bekenntnis unseres neuen Glaubens an die Umwelt und an die nachhaltig erzeugte Energie.

Ein guter Ansatzpunkt wäre jene altrömische Mitra. Nur, was soll das Schnürlein oben auf der Spitze mit dem baumelnden Hölzlein? Viel sinnvoller wäre heute, wenn jeder von uns auf der Spitze seiner Umweltmitra eine miniaturisierte Windkraftanlage tragen würde. Ob einer nämlich rede oder gehe, es entsteht auf jeden Fall viel Wind, der bisher energetisch ungenutzt verrauschte. Trügen alle Deutschen eine winzige Windkraftanlage auf dem Kopf, so könnte nach wissenschaftlichen Berechnungen genügend Energie gewonnen werden, um eine Stadt von der Größe Frankfurts mit umweltfreundlichem Strom nachhaltig zu versorgen. Noch sinnvoller wäre es, mit der Windkraftanlage gleich die Mitra selber zu beleuchten, und zwar durch eine Energiesparlampe, die den neuen Bekennerhut von innen so erstrahlen ließe wie seit alters die Mitren alpenländischer Fasnachts-Kläuse. Eine solche Energiesparlampe wäre auch viel weniger feuergefährlich als jenes altertümliche Kerzenlicht. Allerdings müsste sie mit einem Kondom überzogen werden, damit der Träger des Umweltbekenntnishutes nicht bei einem allfälligen Sturz eine Quecksilbervergiftung in seinem Kopf erlitte.

Noch fehlt uns eine goldene Inschrift rings um unseren neuen Glaubenshut. Warum nicht die Anregung jenes alten Kolonialhutes aus Celebes umsetzen in unser neues Bekenntnis? Wie viel Respekt würde es jedem von uns im Dorf verschaffen, trügen wir einen Umwelthut, den rundherum die Aufschrift zierte: »Treuer Untertan Ihrer europäischen Kommission zu Brüssel«.

21 DIE KRISE DER HOSTIENBÄCKEREI

Die alte Nonne wirkte untröstlich: »Seit sieben Jahrhunderten lebt unser Kloster von der Hostienbäckerei. Jetzt stehen wir vor dem finanziellen Aus.« Warum das? Es wird doch in den katholischen Kirchen noch recht fleißig kommuniziert. »Das ist es nicht. Eine Gemeinde nach der andern will nicht mehr bei uns bestellen. Und alle sagen das Gleiche: ›Die Kirche muss jetzt streng sparen. Und polnische Hostien sind unvergleichlich billiger!‹«

Mit dieser Hiobsbotschaft besuchte ich meinen langjährigen Beichtvater, einen herzensguten alten Priester im Erzbistum Köln. Seine Antwort klang ungewohnt bitter: »Die Frage ist doch nicht, ob ich die Messe mit polnischen Hostien feiern muss, sondern ob ich sie überhaupt noch feiern darf. Oder haben Sie keine Ahnung, was los ist im Bistum Paderborn?«

So manche deutsche Diözese steckt in tiefroten Zahlen. In dieser Not übernehmen zunehmend junge, flotte, betriebswirtschaftlich geschulte Laien das Kommando. Controlling-Experten, die am Computer scharf kalkulieren. Auf der konsequenten Suche nach Einspar-Möglichkeiten ist ihnen aufgefallen, dass in deutschen Kirchen noch immer verdammt viele Messen gelesen werden. Betriebswirtschaftliche Frage: Was kostet uns das überhaupt, so eine heilige Messe?

Übereinstimmenden Berechnungen aus Aachen und aus Paderborn zufolge kostet sie weit über hundert Euro.

Da werden ja sündhaft teure Altarkerzen aus echtem Bienenwachs abgebrannt. Messwein geht schwer ins Geld. Im Februar mindestens muss die Kirche, kurz vor der Messe, ein bisschen angewärmt werden. Glocken läuten auch nicht umsonst. Kniebänke werden durchgewetzt. Und erst die Hostien! Macht, summa summarum, nach der vielbeachteten Berechnung eines Paderborner Experten namens Antonius Wilmesmeier »mindestens 120 Euro pro Messe«. Und das für die paar alten Leutchen, die noch zur Messe kommen, während doch die fromme Jugend, gottseidank, kostengünstig wegpilgert nach Santiago de Compostela.

Kein Wunder, dass mancherorts bereits an Ruhestands-Priester, höchst diskret, die Aufforderung ergeht, ein bisschen auf die horrenden Unkosten zu achten und nicht mehr, wie einst in guten alten Zeiten, jeden Morgen Messe zu lesen. Einmal in der Woche tut's doch auch. Oder nicht? Mein herzensguter alter Beichtvater scheint der Einzige zu sein, der sich dem Rationalisierungsdruck nicht beugen will. Seine Stimme klang ungewöhnlich tapfer: »Ich lese meine Messe weiter täglich – wenn's sein muss schwarz!«

Schwarze Messen in Köln? Schwarze Messen gar in Paderborn? Da scheint die Frage zweitrangig, wo die Hostien dafür gebacken werden. Noch kommen sie aus Polen. Dennoch sei allen Priestern, die unbedingt noch Messe lesen wollen, eindringlich geraten, künftig jede Hostie vor der Konsekration sorgfältig umzudrehen. Wer weiß, vielleicht ist auf der Rückseite bereits eine ganz andere Herkunftsbezeichnung eingestempelt: »Made in the People's Republic of China«.

22 DER KRUMMSTAB AM ABGRUND

Wenig Aufregendes kommt zur Zeit aus Rom. Dafür umso Aufregenderes aus Solothurn. Das Städtlein am Südfuß des Jura darf sich zu Recht nicht nur »schönste Barockstadt der Schweiz« nennen, sondern auch »Sitz des Bischofs von Basel«. Daher die Aufregung. Meldet doch die Website kreuz.net, dass der neue Bischof von Basel, Felix Gmür, bei Sonnenschein und auch bei Regen, auf dem Fahrrad zur Messe pedalt.

Die Website kreuz.net ist stets gut informiert, aber derart böse rechts, dass ich meine braven linken Freunde in Solothurn um Bestätigung bat. Sie nickten begeistert: »Das ist jetzt eben ein echter Bio-Bischof. Auf dem Velo zur Messe fahren, heißt Energie sparen.« Ob es denn ein Mountainbike sei, ein echtes Gary-Fisher wie meines, fragte ich atemlos. Da schüttelten sie alle traurig den Kopf: »Ach nein, halt so ein Citybike, ganz farblos im Sinne des Zweiten Vatikanischen Konzils.«

Und die Mitra, was macht er damit auf dem Velo? »Die Mitra klappt er zusammen und hält sie, während er fährt, unter den linken Arm geklemmt.« Und der bischöfliche Krummstab? Was ist auf dem Velo mit dem? Da blieben sie alle stumm. Keinem war es aufgefallen: Auf dem Velo nimmt Bischof Felix seinen Krummstab gar nicht mehr mit.

Die praktischen Gründe sind leicht einzusehen. Quer auf den Gepäckträger geklemmt, würde der bischöfliche Krummstab in den engen Gassen der Altstadt grausige Unfälle verursachen. Längs gebuckelt aber auch. Mit der

Mitra unter dem linken Arm und dem Krummstab über der rechten Schulter bliebe Bischof Felix kein Arm mehr zum Lenken. Noch mehr als eine angeheiterte deutsche Bischöfin in ihrer Limousine wäre ein freihändig Velo fahrender schweizerischer Bio-Bischof eine öffentliche Gefahr.

Und dennoch: ein Bischof ohne Krummstab? Unmöglich. Wenn es etwas gibt, was seit byzantinischen Tagen bio ist an christlichen Oberhirten, dann ist das der Krummstab. Nichts anderes ist er als der Hirtenstab antiker Schafhirten. Das Schnecken-Ornament, das ihn heute oben ziert, hat sich nämlich entwickelt aus einem ursprünglich nur kurzen, scharfen Haken. Ein Haken wozu? Das hat mir einer der letzten Schafhirten in Arkadien selber erklärt: »Schafe neigen zur Panik. Wenn der Hammel einmal über dem Abgrund steht, getraut er sich nicht zurück. Lieber springt er vorwärts in den Tod. Da hilft nur der Hirtenstab. Mit dem Haken reißest du das verirrte Schaf am Hinterlauf blitzschnell vom Abgrund zurück.«

Es gibt so viele verirrte Schafe im Bistum Basel! Genügt ein Hirtenstab, um sie alle vom Abgrund zurückzureißen? Wohl nicht. Aber echte Bio-Wandererinnen und Bio-Wanderer kommen ja heutzutage mit Doppelstab dahergestöckelt. Keiner würde sich wundern, wenn auch der neue Bio-Bischof Felix von Basel demnächst mit zwei Hirtenstäben zur Messe erschiene. Aber lieber nicht auf dem City-Bike und schon gar nicht auf dem Mountainbike. Zum Altar Gottes komme der wahre Bio-Bischof mit Doppelstab zu Fuß gewalkt!

23 SIND SCHAFE DUMM?

Warum eigentlich hat die Heilige Inquisition das »Lob der Torheit« des Erasmus von Rotterdam auf den Index verbotener Bücher gesetzt? Weil der niederländische Humanist die Torheiten der römischen Kurie verlacht hat? Ach woher! Darüber haben andere noch viel hemmungsloser gespottet und die Kirche wusste das, in jenen Zeiten alter Stärke, gelassen zu ertragen. Etwas anderes aber hat die Väter von der Heiligen Inquisition bis zur Weißglut geärgert: dass Erasmus sich lustig gemacht hat über die Intelligenz der Schafe. In schlecht gespielter Unschuld stellt er, schon fast am Schluss des Buches, die arglistige Frage, warum der Herr Jesus seine Gläubigen immerzu Schafe nennt – »wo doch das Schaf nach Aristoteles das allerdümmste Tier ist«.

»Weide meine Schafe!« Die Worte aus dem Johannes-Evangelium gingen mir lebhaft durch den Sinn, als dieser Tage auf dem Hobby-Bio-Bauernhof meiner Nachbarin die übliche Panik ausbrach: Schon wieder waren die Schafe allesamt aus der Weide ausgebrochen. Alle gut gemeinten Versuche weiterer Nachbarinnen und Nachbarn, die verstörten Kreaturen auf ihre Bio-Wiese zurückzutreiben, verschlimmerten nur das kopflose Gerenne und Geschubse. So atemlos abgehetzt hielt die Nachbarin endlich vor meinem Gartentor inne, dass ich ein Wort der Begütigung versuchte: »Es sind eben Schafe – ein bisschen dumm!« Die Antwort kam blitzschnell und messerscharf: »Haben Sie Vorurteile gegen Schafe?« »Nicht ich«, versuchte ich höchst ungeschickt mein Haupt aus der Schlinge ökokorrekter Vorurteilslosigkeit zu ziehen, »nicht ich, Erasmus … .« – »Die Vorurteile dieses, dieses«, unterbrach sie mich so erregt, dass ich mich jetzt erst recht verhedderte: »Was habe ich denn da gesagt? Nein, es ist gar nicht Erasmus. Aristoteles hat gesagt, das Schaf sei von allen Tieren das dümmste.«

Die brave Bio-Bäuerin musterte mich so streng, wie wohl ein Inquisitor einen Ketzer anstarrte, der es gewagt hatte, heimlich das »Lob der Torheit« des Erasmus zu lesen: »Ich will Ihnen eines sagen: Das sind alles ganz-ganz dumme Vorurteile. In Wirklichkeit ist das Schaf ein hochintelligentes Tier. Allerdings hat es eine Intelligenz eigener Art, ganz anders als die unsere! Und vergessen Sie nicht: Es gibt nicht *das* Schaf. Jedes meiner Schafe ist eine unverwechselbare Persönlichkeit!«

In diesem Augenblick knallte es. Ein besonders intelligentes Schaf war frontal zusammengeprallt mit dem Biomilch-Zisternenwagen, der um diese Abendstunde stets mit weit überhöhtem Tempo durchs Dörflein gerast kommt. Um mir das grausige Blutbad nicht ansehen zu müssen, wandte ich mich hastig ins Haus zurück. Doch ließ mich der Gedanke an Erasmus von Rotterdam noch lange nicht los. Hatten sie nicht doch recht, die frommen Väter von der Heiligen Inquisition? Ist es nicht eine sträfliche Häresie, oder, wie wir heute sagen würden, ein böses Vorurteil, wenn so ein Schafskopf es wagt, das Schaf, frei nach Aristoteles, als dumm zu bezeichnen?

24 RATZINGERS LUSTKNABE

In jener Zeit, in der jene gute alte Hamburger Illustrierte noch die größte Illustrierte aller Zeiten war, in jener guten alten Zeit klingelte jäh bei mir das Telephon: »Sofort in die Redaktion kommen. Wir haben eine ungeheure Geschichte. Die Serien-Redaktion ist schon damit zugange. So viel Material ist da.«

Der junge Mann, den ich im Brennpunkt aller Aufmerksamkeit traf, darf als ungewöhnlich schön bezeichnet werden. Blondgelockt war er, gertenschlank, kaum zwanzig. Er komme aus Wien, sagte er, und die Sensation, die er in seiner Lederjacke trage, sei Millionen wert. Betroffen senkte er den Blick, betroffen hob er ihn: »Ich war Ratzingers Lustknabe.«

Aushilfsweise zuerst habe er Joseph Ratzinger gedient. Als blutjunger Chauffeur. Doch dann sei mehr daraus geworden, viel mehr. So viel, dass der Kardinal ihn schließlich beauftragt habe, im Vatikan Orgien zu organisieren.

Orgien mitten im Vatikan? Wie einst unter Alexander VI, dem Papst aus dem Hause Borgia? »Nein, viel schlimmer. Orgien nicht mit Frauen, sondern mit Männern. Hier ist der Beweis!« Und er zog aus seiner Lederjacke einen Stapel Photos hervor. Schwarzweiß-Photos, so etwa in Postkartenformat. »Schauen Sie hier!«

Und siehe, ich sah ein Dutzend nackte Leiber männlichen Geschlechts, ineinander und übereinander geschachtelt fast wie später auf den Bildern aus Abu Ghraib.

Leider sah man nur Beine und Hinterteile, keine Köpfe, die waren am Bildrand abgeschnitten. »Und wer«, fragte ich, »ist denn jetzt hier Kardinal Ratzinger?« Er deutete auf den allerobersten Popo: »Das hier ist der Kardinal!«

Unmöglich! Man brauchte nicht Experte für die Schönheit männlicher Hintern zu sein, um sofort zu erkennen, dass dies der schmale Popo eines jungen Mannes zwischen fünfzehn und zwanzig war, aber keinesfalls das breite Sitzleder eines angejahrten Kirchenfürsten. Aus irgendeiner banalen Schwulenszene Wiens mochten diese Bilder stammen, aus dem Vatikan mit Sicherheit nicht. »Wollen Sie nicht lieber zugeben«, entfuhr es mir, » dass der Hintern, mit dem Sie die Welt verarschen wollen, ihr eigener ist?« Und so fügte es sich, dass jener jugendliche Schwindler noch selbigen Tags wieder heimfahren musste. Samt seinen teuren Pornobildchen zweiter Klasse mit der Bahn heim nach Wien.

Warum ich das jetzt erzähle? Weil sich der Vatikan allzu gern als Opfer der Medien fühlt. Da ist was Wahres dran. Aber weiß der Heilige Vater nicht, dass die Medien nebst Schelte für viel Böses auch Lob verdient haben für manches Gute? Nein, er kann es gar nicht wissen. Weil das Böse stets eine Veröffentlichung ist. Das Gute dagegen? Das Gute, dieser Satz steht fest, ist stets das Böse, das man lässt. Das beste Gute ist ein nie veröffentlichter Schwindel. Wäre es da nicht ein schönes Zeichen päpstlichen Wohlwollens, mir auf meine alten Tage jetzt den längst verdienten Orden Pro Ecclesia et Pontifice zu verleihen?

25 HIERONYMUS IM GEHÄUSE

Wie lang ich auf dem Krankenhausflur gewartet habe? Gewartet, bis der große Kardiologe Zeit fände für mein wild flatterndes Herz? So lange jedenfalls, dass mich unwiderstehlich jener Drang überkam, den der heilige Hieronymus »necessitas naturae« nennt, »natürliches Bedürfnis«. Und ich hielt eine junge Ärztin auf, die gerade im weißen Kittel an mir vorbeifliegen wollte: »Können Sie mir sagen, wo hier das Örtchen ist?« Sie sah mich so befremdet an, als wäre ich der heilige Hieronymus in Person: »Das weiß ich nicht. Ich bin Ärztin. So etwas müssen Sie das blaue Personal fragen.« Da konnte ich meine Zunge nicht beherrschen: »Ja müssen Sie denn selber nie auf die Toilette?« Die Antwort kam schneidend: »Sie dürfen nur auf die Toilette für Patienten. Wo die ist, sagt Ihnen das blaue Personal. Ich bin Ärztin.«

Wenn das der heilige Hieronymus gehört hätte! Auf seinen Spuren haben belgische Archäologen in der Wüste Ägyptens die Ruinen antiker christlicher Einsiedeleien ausgegraben. Mit erstaunlichem Ergebnis. Diese frühchristlichen Einsiedeleien waren alle ummauert mit einem weiten viereckigen Hof. Das Interessante ist, dass die Toilette so weit als irgend möglich – diagonal über den Hof – entfernt war vom Oratorium, vom Raum für das Gebet. Offensichtlich verachteten frühchristliche Heilige, genauso wie heute deutsche Ärztinnen, das Klo als einen Ort vulgärer Peinlichkeit.

Harmlos ist diese frühchristliche Zwangsvorstellung keineswegs, hat sie doch Jahrhunderte später zu bösem Ärger zwischen Christen und Muslimen geführt. Bekanntlich geht es ja im muslimischen Himmel viel sinnlicher zu als im christlichen. Da wird gegessen und getrunken, sodass sich bei Muslimen auch im Himmel, unvermeidlich, die necessitas naturae einstellt. Bei uns Christen aber nicht. Wir haben im Himmel einen Strahlenleib, der auf all dies Allzumenschliche nicht mehr angewiesen ist.

Da nun Christen die Muslime seit alters gerne hänseln, gab es im Mittelalter viel christlichen Humor über die peinlichen Gerüche, welche den muslimischen Bereich des Himmels der necessitas naturae wegen durchwehen. Die Muslime hielten dem entgegen, dass die necessitas naturae im Himmel, anders als auf Erden, einen paradiesischen Duft verbreite. Bei diesen neckischen Wortgefechten blieb es leider selten. Und so sind nicht wenige unserer christlichen und unserer muslimischen Brüder ob dieses theologischen Streits vorzeitig aufgefahren zum Himmel aller Düfte.

Was lehrt uns das? Es lehrt uns, dass deutsche Krankenhäuser gut daran täten, nicht nur beim blauen, sondern auch beim weißen Personal vermehrt muslimische Brüder und Schwestern einzustellen. Mit ihrem ganz anders gearteten Religionshintergrund hätte eine muslimische Ärztin gewiss keine Bedenken, einem alten Christen freundlich zu sagen, wo es lang geht zu jenem Gehäuse, das selbst der heilige Hieronymus gelegentlich aufzusuchen nicht unter seiner Würde fand.

26 DER HEILIGE UND DIE HURE

Erstaunlich viele Christen haben etwas gegen den heiligen Symeon von Edessa. Allerdings war das schon zu seinen Lebzeiten, im 7. Jahrhundert, so. In den noblen christlichen Salons der Hauptstadt Syriens, in Antiochien, hieß es, der Heilige aus Edessa strotze vor Schmutz. Manche nannten ihn gar den schmutzigsten Heiligen aller Zeiten. Und alle rümpften die christliche Nase.

Nicht ganz zu Unrecht. Nach etwas wirren Jugendjahren hatte Symeon sich nämlich in der Wüste am Toten Meer wie eine Hyäne in ein tiefes Erdloch vergraben. Wenn er dort von Zeit zu Zeit sein schmutzstarrendes Haupt herausreckte, fiel sein Blick auf die bedenklichen Ruinen von Sodom und Gomorrha. Geschwind zog Symeon dann den Kopf wieder zurück. Um noch strenger Buße zu tun für alle Sünden des Alten und des Neuen Testaments.

So wurde Symeon berühmt. Unter den Reisegruppen, die dem Toten Meer entlang von Syrien nach Ägypten zogen, war bald keine mehr, die nicht einen Abstecher hinaus in die Wüste wagte, um dort einen schaudernden Blick zu werfen hinab in das grausige Büßerloch des heiligen Symeon.

Siebenundzwanzig Jahre lang hatte Symeon so gebüßt, als ihm in sternenheller Wüstennacht ein himmlischer Bote erschien. Eine Zeit werde kommen, prophezeite der Engel, in der die Christen sich heillos zerstreiten würden über Wesen und Unwesen der Sexualität. Er aber, Symeon der Heilige, sei berufen, die kommenden christlichen Geschlechter zu erleuchten, was die wahre Einstellung zu den Sünden des Fleisches sei. Zu diesem Zweck möge Symeon sein Dreckloch verlassen und heimkehren in seine Vaterstadt Edessa.

Als die Bürgerinnen und Bürger von Edessa erfuhren, der heiligste aller Söhne ihrer Stadt sei, wenn auch strotzend vor Schmutz, auf dem Weg nach Hause, beeilten sie sich, für ihn einen Triumphbogen zu errichten. Das besagt aber nicht viel. Triumphbögen wurden damals für alles Mögliche ganz schnell errichtet. Zur allgemeinen Überraschung durchschritt Symeon aber den Triumphbogen nicht. Kurz vorher bog er von der via triumphalis ab in eine abschüssige Seitengasse. Dort trat der Heilige ein in das berüchtigtste Bordell von Edessa. Im Zimmer einer Prostituierten setzte er sich still in eine Ecke. Symeon begann zu beten.

Vielleicht war jene Hure die einzige Bürgerin von Edessa, die an dem verdreckten Äußeren des Heiligen keinen Anstoß nahm. Jedenfalls ging sie, während er betete, ungerührt ihren Geschäften nach. Als aber die Nacht hereinbrach über Edessa, konnte sie eine Frage nicht länger zurückhalten. Ob er sich wirklich am richtigen Ort fühle, fragte die Hure den Heiligen. »Ich war in der Wüste am richtigen Ort«, antwortete der heilige Symeon, »ich bin im Bordell am richtigen Ort, denn Gott ist in einem Bordell genauso gegenwärtig wie in der Wüste. Und was du hier tust«, fügte der heilige Symeon hinzu, »das finde ich zwar ein bisschen merkwürdig – aber beim Beten stört es mich nicht.«

27 LOB DER FAMILIENBANDE

Manche sagen, dies sei Kanadas schönste Bar. Die einsamste ist es auf jeden Fall. Da saßen wir in dunkler Nacht zusammen. Dass draussen der Sturm heulte, kümmerte keinen. Die ganze Welt konnte uns nichts anhaben. Hier in diesem verwunschenen Haus im höchsten Norden an der Beaufort Sea. Beim fünften Chivas Regal.

In diesem Augenblick geschah das Unfassbare. Jäh sprang die Tür der Bar auf. Mit dem Sturm hereingefegt kamen acht vermummte Gestalten.

Zuerst dachten wir, ein Kinderheim habe sich verirrt an dieses unwirtliche Ende der Welt. Als sich die acht jedoch aus ihren Jacken und Kapuzen schälten, traf uns wie ein Keulenschlag die Erkenntnis: In unsere schöne Bar war eine Familie eingebrochen.

Es ist jetzt wichtig zu wissen, dass jene Bar in Kanada liegt, nicht in den Vereinigten Staaten. Kein brutaler Westen trifft sich hier, sondern das zeitlose Gebrösel aus sozialen und intellektuellen Außenseitern, wie es sich seit François Villons Tagen am äußersten Rand der europäischen Gesellschaft findet und verliert. Ein paar abgedriftete Ingenieure waren gekommen, schwangere Eskimos, schwule Indianer und jener scheue Engländer, der, spätestens beim sechsten Chivas Regal, Sophokles auf griechisch deklamierte. Lauter Leute also mit der gleichen Lebenseinstellung wie der amerikanische Satiriker W.C. Fields: »Anyone who hates children and dogs and loves whiskey can't be all bad.« Ins Deutsche übersetzt: Wir waren alle auf der Flucht vor dem, was unsere Sprache, doppeldeutig, die Familienbande nennt.

Und nun? Verstört saßen wir da und warteten darauf, dass es losgehen würde: das aufdringliche Wir-Gehabe, das pampige Gequengel, das aggressive Gekreisch, mit einem Wort, das ganz normale Familienleben.

Und dann die ungeheure Überraschung. Es ging nicht los. Obwohl die schönste Sesselgruppe gerade leer war, stürzte diese Großfamilie sich nicht drauf. Bescheiden und gesittet nahm sie in einer Ecke Platz. Und obwohl dort zwei Stühle fehlten, schleppten sie nicht von allen Seiten zusätzliche Sessel an. Jeweils zwei der kleineren Kinder setzten sich vielmehr zusammen auf einen Sessel. Still, freundlich, friedlich. Die Bar erstarrte in Sprachlosigkeit. Wie war es nur möglich, dass eine Familie, dazu noch eine so große, sich so leise benahm, so unaufdringlich?

Ich sah genauer hin. Die Gesichter der Eltern wie der Kinder wirkten zugleich ganz frisch und ganz alt. Ich spitzte die Ohren, und meine Verwunderung steigerte sich: Dies war eine Familie von frommen Protestanten, in später Nacht angekommen als Voraustrupp für das offenbar am MacKenzie-River geplante »Victory Bible Camp«.

Inzwischen hatte der Wirt zu essen gebracht. Vollkommene Stille senkte sich über die Bar, als zuerst die beiden Eltern, dann die sechs Kinder die Hände falteten, als alle Köpfe der Familie sich senkten und der Vater andächtig sprach: »Lasset uns beten!« Kaum einer betete mit. Aber ergriffen war jeder. Ergriffen bestaunten wir die ungeheure, die sittenbildende, selbst eine Familie friedlich stimmende Macht protestantischer Frömmigkeit.

28 DIE SIEBEN STUFEN DER KEUSCHHEIT

Einstmals tobte im antiken Rom unter Christinnen und Christen ein wüster Streit. Worüber? Dumme Frage! Natürlich über den Zölibat. Bis endlich der größte Intellektuelle des 5. Jahrhunderts, Johannes Cassianus, ein Machtwort sprach. Gegner und Freunde des Zölibats, beide, sagte Cassian, sprächen nur aus dogmatischer Rechthaberei. Empirische Erfahrung mit der Keuschheit habe in Rom, der verruchten Weltstadt, niemand. Um diesem Manko abzuhelfen, werde er, Cassian, sich jetzt in die Wüste Ägyptens begeben. Da, wo Löwen, Hyänen und Einsiedler einander Gute Nacht sagten, wolle er jene empirischen Erfahrungen mit der Keuschheit sammeln, die all den christlichen Rechthabern in Rom fehlten. Und er schiffte sich ein.

Fast hätten die Römerinnen und Römer die christliche Geduld verloren, so viele Jahre mussten sie warten. Doch dann, im Jahr 428, die Sensation: Cassians umfassender Zölibats-Report aus der Wüste. In vierundzwanzig Bänden. Die Römerinnen und Römer rissen sie sich aus den Händen.

Gegner und Freunde des Zölibats, schreibt Cassian, hätten bisher den fatalen Fehler begangen, über den Zölibat als solchen zu streiten. Nach seiner persönlichen Erfahrung sei der Zölibat aber kein Zustand, sondern etwas Dynamisches, den lebendigen Gesetzen der Entwicklung folgend. So habe sich bei ihm selber in der Wüste Ägyptens die Keuschheit erst langsam entwickelt, und zwar in sieben Stufen. Cassian wörtlich: »Auf der ersten Stufe beginnt die Keuschheit damit, dass der Zölibatär tagsüber den Regungen des Fleisches nicht erliegt. Auf der zweiten Stufe verweilt er bei diesen Regungen nicht einmal im Geiste. Auf der dritten Stufe macht es ihm nicht mehr den geringsten Eindruck, wenn er eine Frau sieht. Auf der vierten Stufe hören die Regungen des Fleisches tagsüber gänzlich auf. Auf der fünften Stufe ist er in der Lage, über die Dinge des Fleisches zu reden wie über irgendwelche Banalitäten. Auf der sechsten Stufe ist er auch nachts gänzlich frei von jenen Phantasien, vor denen uns Gott bewahren möge.«

Und die siebte Stufe des Zölibats? Darüber äußert sich Cassian sehr geheimnisvoll. Nur mit jenen wenigen, die sie, wie er selbst, erreicht hätten, könne man über dieses himmlische Erlebnis reden. Immerhin gibt er zu verstehen, dass auf dieser höchsten Stufe des Zölibats Mann und Frau einander wieder so herrlich frei, ja nackt begegnen dürfen wie Adam und Eva vor dem Sündenfall im Paradies.

Was lehrt uns das?

Es lehrt uns, dass im Streit um den Zölibat alle Recht haben. Die Gegner des Zölibats haben Recht, allerdings nur bezogen auf die unteren, mühseligen Stufen des Zölibats. Recht haben aber auch die Freunde des Zölibats, zum Beispiel in unseren Tagen Kardinal Meisner, wenn er den Zölibat rühmt als den »schlagendsten Gottesbeweis«. Das ist er, würde Cassian sagen, ganz gewiss, wenn auch nur auf jener siebten, höchsten Stufe der Keuschheit, die zu erreichen viele berufen sind, wenige aber auserwählt.

29 HEXENJAGDEN

Allzu laut sagen allzu viele ihre Meinung über die pädophilen Priester. Ich schweige still. Das liegt daran, dass ich die »Cautio criminalis« gelesen habe, jenes Buch, mit dem der Düsseldorfer Jesuit Friedrich Spee 1631 dem Hexenwahn in beiden Konfessionen ein Ende gesetzt hat.

Überall in Deutschland, berichtet Spee, kenne er Leute, welche die Hexenverfolgung für einen kollektiven Wahn hielten. Doch keiner wage, das öffentlich auszusprechen. Als sicheres Zeichen, dass einer selber ein Hexenmeister sei, gelte nämlich, dass er etwas gegen den Wahn sage.

Das war vor vier Jahrhunderten. Und heute? Durch Deutschland geht der kollektive Wahn, jeder katholische Priester sei ein potentieller Kinderschänder. Diesem wahnwitzigen Generalverdacht zugrunde liegt das vulgärpsychologische Dogma, Sexualität müsse »gesund ausgelebt« werden, und jeder, der das nicht tut, wie der katholische Priester, sei dazu verdammt, sie früher oder später doch noch auszuleben – aber dann auf perverse Art.

Wie so manches katholische Dogma hat auch dieses antiklerikale Dogma eine auffallend schmale empirische Basis. Von den etwa 14.000 sexuellen Übergriffen auf Kinder, die bei uns im Jahr polizeilich erfasst werden, lassen sich die Fälle, in denen ein katholischer Priester der Täter war, an einer Hand abzählen. Amerikanische Statistiker sprechen deshalb von einer »statistisch nicht relevanten Gruppe«, das heißt, ihre Zahl ist zu gering, um eine eigene statistische Kategorie zu ergeben. Statistisch hochrelevant sind dagegen die Fälle, in denen der Täter kein Priester war, sondern ein Angehöriger oder enger Freund der Familie. Bei uns ist das fast genau die Hälfte der Täter. Etwa 7000 im Jahr. Wem es am Herzen läge, Kinder vor sexuellen Übergriffen zu schützen, der müsste schäumen vor Empörung über die deutsche Familie, nicht über den katholischen Priester.

So schmal die empirische Basis für den Wahn sein mag, sie genügt, weil er im Grunde gar keine braucht. Das musste der Trierer Universitätsrektor und Bürgermeister Dietrich Flade im Jahr 1589 erfahren. Selber hatte er Hexen gerichtet. Dennoch verbreitete sich das Gerücht, er greife nicht streng genug gegen die Hexen durch, und das könne nur daran liegen, dass er selber ein Hexenmeister sei. Professor Flade wurde in den Trierer Hexenturm geworfen, gefoltert und verbrannt.

Friedrich Spee dagegen wurde lediglich der Schädel eingeschlagen. Aber nur, weil er katholischer Priester war. Dass er jenes Buch gegen den Hexenwahn geschrieben hatte, erfuhr die Welt zu seinen Lebzeiten nicht. Ein anonymer protestantischer Freund hatte es als Werk eines »unbekannten römischen Theologen« herausgegeben.

So hat Friedrich Spee, wenn auch mit eingeschlagenem Schädel, überlebt. Ich möchte auch überleben. Drum will ich kein Wort schreiben gegen den kollektiven Wahn unserer Tage. Still und brav sitze ich in meinem Kämmerlein. Und lese als klassischen Trost die »Cautio criminalis« von Friedrich Spee.

30 WAHRSCHEINLICH FLEISCH

Ob der Bruder des afghanischen Präsidenten Karzai wirklich Drogenhändler sei? Auf diese Frage gab ein hoher amerikanischer Drogenfahnder in Kabul – natürlich unter dem Deckmantel strikter Anonymität – folgende Antwort: »If it looks like a duck and if it quacks like a duck, it's probably a duck – Wenn einer aussieht wie eine Ente und wenn er quakt wie eine Ente, dann ist das wahrscheinlich eine Ente.«

Spannend an diesem Satz ist nicht der Vergleich des Präsidentenbruders mit einer quakenden Ente, sondern das Wörtlein »probably«. Ein deutscher Drogenfahnder hätte nur gesagt: » … dann ist das eine Ente«. Doch diese uneingeschränkte Behauptung überzeugt viel weniger. Vielleicht weil sie rechthaberisch wirkt und dadurch jenen Zweifel, dem sie keinen Raum gibt, erst weckt, während das angelsächsische Understatement »probably« augenzwinkernd um Einverständnis wirbt.

Die Frage drängt sich auf, ob nicht auch der religiöse Diskurs durch den häufigeren Gebrauch des Wörtleins »probably« an Überzeugungskraft gewänne. Nehmen wir nur den bösen Streit, den Martin Luther und Ulrich Zwingli 1529 in Marburg hatten. Luther behauptete dort, Jesus sei im Abendmahl mit Fleisch und Blut gegenwärtig, worauf der Zürcher Reformator unablässig nur einen Satz wiederholte: »Was nicht nach Fleisch schmeckt, ist kein Fleisch.« Bis Luther das Gespräch im Zorn abbrach.

Heute würde Luther wahrscheinlich entgegnen: »Wir essen doch so viel, was nicht nach Fleisch schmeckt, aber doch Fleisch ist.« Aber 1529? Damals schmeckte Fleisch wirklich noch nach Fleisch. Trotzdem hätte es der protestantischen Sache gefrommt, wenn Zwingli Luthers dogmatischer Ernstmeinerei begegnet wäre mit einem sanftmütigen, aber gerade deshalb überzeugenden: »Was nöd wie Fleisch schmöckt, isch wahrschiinli ke Fleisch.«

Wie aber das Wörtlein »probably« einführen in die Denkgewohnheiten der katholischen Kirche? Nehmen wir das berühmte Dogma von 1870: »Wenn der Papst ex cathedra spricht, ist er unfehlbar.« Meine katholische Feder sträubt sich vor dem Satz: »Wenn der Papst ex cathedra spricht, ist er wahrscheinlich unfehlbar.« O nein! Schon der alte Heide Aristoteles hätte aufgeschrien: Das ist eine contradictio in adiecto! Eine logische Todsünde! Durch das Wörtlein »probably« würde die Unfehlbarkeit nicht wahrscheinlicher, sondern radikal unwahrscheinlich.

Zum Glück gibt es etwas Christlicheres noch als das angelsächsische Understatement. Das ist die italienische Selbstironie. Im Gespräch mit Papst Johannes XXIII ließ ein orthodoxer Bischof einst den Halbsatz fallen: »Da Sie doch unfehlbar sind … « – »Oh«, antwortete der Papst, »ich unfehlbar? Ich bin so wenig unfehlbar wie Sie.« – »Aber, aber … «, stammelte der Grieche. »Aber nein«, entgegnete der Papst, »ich wäre unfehlbar, wenn ich ex cathedra spräche; da ich aber niemals ex cathedra sprechen werde, bin ich so wenig unfehlbar wie alle andern Menschen auch.«

31 DER LETZTE GLÜCKLICHE BISCHOF

Nichts Abenteuerlicheres gab es einstmals für uns Knaben, als heimlich über alle Mauern einzusteigen in den Garten des Bischofs von Basel. Hinter einem Buchsbaum legten wir uns auf die Lauer. Es war morgens gegen elf. Bald würde er kommen.

Und er kam. Franziskus von Streng hieß der Bischof von Basel und er strahlte all das aus, was man in den fünfziger Jahren von einem Bischof erwarten durfte: Würde, väterliche Strenge, fromme Güte. Doch da war noch etwas anderes. Etwas, was sich meinem kindlichen Gemüt unauslöschlich eingeprägt hat. Wie er zwischen seinen Rosenspalieren über leise knirschenden Kies einhergeschritten kam, strahlte der ganze Bischof von Basel vor hohepriesterlichem Glück.

Das lag an den Postkarten. Wohl waren Postkarten zu Beginn der fünfziger Jahre im Leben der meisten Menschen wichtiger als heute. Im Tageslauf des Bischofs von Basel aber waren sie von überwältigender Bedeutung.

Wenn Franziskus von Streng morgens die Messe gelesen und ein paar Geschäfte mit seinem Sekretär besprochen hatte, zog er sich allein in sein Arbeitszimmer zurück. Jede Störung war dann verboten. Vor ihm, auf dem leeren Schreibtisch, lag nichts als ein kleiner Stapel Postkarten. Bedächtig ergriff der Bischof die oberste Postkarte. Überlegte lange. Überlegte wieder. Überlegte erneut. Dann schrieb er einen einzigen Satz. Zum Beispiel: »Ich versetze Sie von Basel nach Welschenrohr. + Franziskus von Streng.« Und so noch zwei, drei andere Versetzungen. Alle per Postkarte. Dann war es auch schon elf. Das Brevier andächtig in der Hand, wandelte Bischof von Streng hinab in seinen Garten. Er strahlte vor Glück.

Es wäre ein Mangel an christlicher Nächstenliebe, wollte ich auch nur einen seiner Nachfolger mit Namen nennen. Denn alle haben sie eins gemein: Seit dem Zweiten Vatikanischen Konzil sehen alle Bischöfe von Basel zutiefst unglücklich drein.

Gewiss ist es im Bistum Basel nicht so schlimm wie im Vatikan selber, wo sich der Beamtenapparat seit dem Konzil verzehnfacht hat. Aber es ist fast so schlimm. »Dialogstrukturen« nennt man das hier. Keine Beförderung, keine Degradierung, der nicht ein endlos tümpelnder Dialog in den unentwirrbar verkletteten »Dialogstrukturen« des Bistums vorausginge. Bis zur völligen Blockade. Und niemand denkt an den Gram, der sich derweil in der Seele eines Bischofs staut. Ein Bischof ist nämlich auch ein Mensch. Das Recht auf Glück aber gehört zu den unveräußerlichen Rechten jedes Menschen. Glücklich wird ein Mensch, wenn er etwas bewirkt. Glücklich wird auch ein Bischof, wenn er etwas bewegt. Franziskus von Streng war der letzte Bischof von Basel, der etwas bewirken konnte. Großes hat er bewirkt mit ganz geringem Aufwand. Per Postkarte hat er souverän regiert.

So ist er an uns Lausbuben, zwischen Buchsbaum und Rosenspalier, ahnungslos vorbeigerauscht. Der letzte glückliche Bischof von Basel. War er vielleicht der letzte glückliche Bischof überhaupt?

32 GOTT IN DER BAHNHOFSTRASSE

Der eine mag ein deutscher Steuersünder sein, der andere ein deutscher Steuerfahnder – wer immer durch die Bahnhofstraße in Zürich geschlichen kommt, denkt ans Geld. Ich auch. Da plötzlich stand sie vor mir: die Heilsarmee. Als wäre sie entsprungen aus Bertolt Brechts »Heiliger Johanna der Schlachthöfe«, so sang sie zwischen allen Banken: »Wir sind nur Gast auf Erden … .«. Und laut erklang dazu die Trompete des Heils.

Sie klingt noch immer genauso falsch wie einst. Doch das hat die Heilsarmee nie gekümmert. Es kümmerte auch die Predigerin nicht, wenn die Betrunkenen ihr so gröhlend ins Wort fielen, dass das Evangelium kaum zu hören war. Das ist, in der Erinnerung meiner Kindheit, die Heilsarmee. Und es ist das ganze Christentum.

Christlich ist es, elenden Obdachlosen ein paar Stunden nach der frechen Gröhlerei ein Bett zu bereiten. Die Heilsarmee hat es getan mit souveräner Selbstverständlichkeit. Doch dies ist nur das halbe Christentum. Die andere Hälfte hat etwas zu tun mit der Trompete, mit der Uniform und mit dem Gesang: »Lasst den Sonnenschein herein!« War es nicht lächerlich, dieses Lied der Heilsarmee? Lächerlich war's. Doch es hat die Heilsarmee nicht gekümmert. Das nämlich ist die andere Hälfte des Christentums: die Bereitschaft, vor der Welt lächerlich zu sein. Ohne sie gibt es keine Religion und schon gar kein Christentum.

Das sage nicht etwa ich, das sagt Sigmund Freud: Auf keinem Lebensgebiet ist die »komische Differenz« so groß wie in der Religion. Die komische Differenz ist der Unterschied zwischen dem Ideal und der Realität. Nirgendwo ist die Differenz größer und somit komischer als zwischen Gott und seinen Bekennern. Drum lacht die Welt über die Religion. Sie wird immer über die Religion lachen. Nicht grundlos haben sich die Heiligen bewusst lächerlich gemacht vor den Leuten. Als Letzte besitzt die Heilsarmee noch dieses christliche Selbstbewusstsein, das den Kirchen heute genauso fehlt wie die Heiligkeit. Waren nicht all die Reformen des Zweiten Vatikanischen Konzils ein einziger Versuch, aus der katholischen Lächerlichkeit zu entfliehen? Kutten, Rosenkranz, Latein – alles lächerlich und also weg damit. Und keiner in der Kirche hat gemerkt, was die Heilsarmee von Anfang an wusste: dass es ein Entrinnen aus dem Gelächter der Welt für die Religion gar nicht gibt.

Bertolt Brecht hat es gewusst. Lest seine »Heilige Johanna der Schlachthöfe« wieder. Natürlich stellt der Kommunist Brecht die Vergeblichkeit des christlichen Unterfangens dar, wenn die Heilsarmee in den Schlachthöfen von Chicago die Armen speisen und ihnen das Evangelium verkünden will. Das ist sein marxistisches Dogma. Doch dieses Dogma ist vergangen. Uns bleibt die klassische christliche Figur einer Heilsarmee-Soldatin und der außerordentliche Respekt, den der Atheist Brecht vor ihr empfunden hat.

Heilige Johanna der Bahnhofstraße, bitte für uns in dieser vom Geld besessenen Zeit!

33 WARUM WIR NICHT MEHR SINGEN

Mitten in Berlin bin ich einem indischen Gesicht begegnet, das mir bekannt vorkam. »Sind wir uns nicht«, fragte ich, »vor Jahren im Aschram von Ganeshpuri begegnet?« Das ist der Tempel von Gurumayi, Indiens schönster Guruin. Der Mann nickte und berichtete, was er jetzt in Berlin tue. Es klang langweilig. Ob ihm nicht etwas fehle? Die Antwort kam sehr zögernd: »Mir fehlt nur eines. Mir fehlt das Singen.« O die wunderschönen alten vedischen Gesänge im Aschram von Ganeshpuri!

Mein Großvater war ein oberschwäbischer Eisenbahner. Auf seinem Grabstein steht, gefolgt vom Namen: »Hier ruht in Gott Reichsbahn-Oberschaffner a. D.« Kam er am späten Nachmittag vom Dienst nach Hause, so rief er alle Kinder in die Stube. Dann begann er zu singen. Mit seinen sechs Kindern zusammen sang der Reichsbahn-Oberschaffner zwei Stunden lang deutsche Lieder. Bis die Dunkelheit hereinbrach.

Gern würde ich den Alten wiedersehen, ihn zu mir einladen und ihm zeigen, wie ich heute lebe. Wahrscheinlich würde er alles bewundern. So viel besser geht es mir heute als ihm zu Kaiser Wilhelms Zeiten. Und doch kann ich mir vorstellen, dass er nicht allzu lange mein Leben teilen möchte. Ihm würde eines fehlen: »Mir fehlt das Singen.«

Meine jungen Verwandten haben übrigens eine verblüffende Ähnlichkeit mit jenem alten Reichsbahn-Oberschaffner. Auch bei ihnen, anders als bei mir, sind etwa zwei Stunden des Tages dem Singen gewidmet. Allerdings singen sie nicht selber. Sei es im Auto, sei es in der Wohnung, lassen sie sich beschallen mit Gesang. Ganz das Gleiche ist das nicht.

Also zurück? Aus der demokratischen Passivität und Unselbstständigkeit zurück zur musischen Aktivität und Autonomie des wilhelminischen Individuums? Ich weiß nicht.

Wenn schon zurück, dann lieber noch etwas weiter zurück. Mein persönliches Idol ist der barocke Liedermacher Laurentius von Schnüffis. Sein ganzes Leben lang hat Schnüffi nichts als gesungen. In frühen Jahren hat er die Liebe besungen. So manche junge Schönheit hat Schnüffi am kaiserlichen Hof in Innsbruck mit seinem Gesang betört! Doch dann, als er älter wurde, reifer, hat Schnüffi sich bekehrt. Kapuziner ist er geworden und hat fortan die Gottesmutter Maria besungen. Ein Marienlied nach dem andern. Eins lustvoller als das andere. Laurentius von Schnüffis verdanken wir das einzige katholische Kirchenlied deutscher Sprache, das sich messen kann mit den evangelischen Chorälen: »Wunderschön prächtige, große und mächtige, liebreich holdselige himmlische Frau!«

Fern liegt es mir, die Gottesmutter Maria vergleichen zu wollen mit jener schönen Guruin von Ganeshpuri, der mein indischer Freund einst sein Herz geschenkt hat und seine Stimme. Doch frage ich mich manchmal, ob unsere Unlust zu singen nicht etwas zu tun hat mit unserer Unfähigkeit zur irdischen wie zur himmlischen Liebe.

34 DAS HANDY VON EINSIEDELN

Jungen Menschen väterlich, aber bestimmt zu sagen, was sich im Leben nicht ziemt, ist die klassische Aufgabe der Geistlichkeit. Ein besonderes Anliegen ist dies dem Münchner Erzbischof Reinhard Kardinal Marx. Pädagogisch geschickt wandte er sich jüngst gegen die bei jungen Christen weit verbreitete Unsitte, die heilige Messe mit Handy-Geklingel zu stören und, statt zu beten, SMS zu verschicken. Kardinal Marx: »Wer während eines Gesprächs simst oder auf sein Handy starrt, zeigt dem Gegenüber, dass er ihn für nicht so wichtig hält. Das sollte man niemandem, erst recht nicht dem lieben Gott zumuten.«

Die Frage ist, ob da der Münchner Kardinal nicht viel zu streng mit der deutschen Jugend umgeht. In Österreich und in der Schweiz sieht man das lockerer. So kommen zum Beispiel aus Wien die schönsten Photos, auf denen zu sehen ist, wie Christoph Kardinal Schönborn, geschmückt mit der Mitra und im goldgewirkten Bischofsornat, mitten in der Kirche nicht nur lustig auf seinem Handy herumspielt, sondern es auch noch, für alles Gottesvolk sichtbar, ans Ohr hält.

Das Spannende an diesen Bildern ist aber gar nicht das Handy, sondern die erkennbar fröhliche Laune des Wiener Kardinals. Die harmlos kindliche, spielerische Lust, mit der er an seinem Handy herumfingert, erinnert an die These des heiligen Thomas von Aquin, dass die

Unterbrechung strenger Pflichterfüllung durch absichtsloses, heiteres Spiel unbedingt zur gesunden Menschlichkeit gehört. Wenn dies aber nicht nur für einen Kirchenlehrer des 13. Jahrhunderts gilt, sondern auch für einen Wiener Erzbischof des 21. Jahrhunderts, warum dann, lieber Gott, nicht auch für den ganz gewöhnlichen jungen deutschen Christen in der heiligen Messe?

Bei der Gelegenheit eine gute Nachricht: Dem Abt der schweizerischen Abtei Einsiedeln, Martin Werlen, geht es, wie gloria.tv meldet, wieder besser. Bei einer Partie Badminton war er so fatal gestürzt, dass er mit einem lebensgefährlichen Schädel-Hirn-Trauma in eine Spezialklinik geflogen werden musste. Woher ich weiß, dass das bei einer Partie Badminton geschah? Blöde Frage! Weil Abt Franz Minuten zuvor noch getwittert hat: »Gehe jetzt eine Partie Badminton spielen.«

Schon fast zweitausend junge Twitter-Freundinnen und Twitter-Freunde hat der leutselige schweizerische Abt. Alle Augenblicke lässt er alle wissen, wo er gerade ist, selten in seinem Kloster, meistens unterwegs, und das mit Vorliebe im Zug. So hat, wie glaubhaft erzählt wird, manche junge Schweizerin, mancher junge Schweizer schon, durch eine unverhofft herbeigetwitterte Begegnung mit Abt Werlen im Zug nach Zürich zu Gott gefunden.

Ist es da nicht hohe Zeit, dass Reinhard Kardinal Marx seine gewiss gut gemeinten, aber hoffnungslos überholten Vorurteile gegen das Handy überwindet? Sollte er sich nicht lieber mit uns allen herzlich freuen, wenn aus der Abtei Einsiedeln die erlösende Botschaft kommt:

»Nun twittert er wieder!«

35 THEOLOGIE DES SCHWEIGENS

Ungleich inniger als an Gott glauben katholische Mönche heute an ihre Computer. So haben es die Benediktiner der berühmten französischen Abtei Solesmes unternommen, die gesamten »Wüstenvätersprüche«, das heißt die frühesten Quellen über die antiken Heiligen in der Wüste Ägyptens, elektronisch auszuwerten. Was ist dabei herausgekommen?

Natürlich eine Überfülle kurioser Details, thematisch beliebig abrufbar. Zum Beispiel über die Haltbarkeit altägyptischer Fladenbrote, über antike Penis-Entzündungen oder über die vegetarische Vorliebe der Wüstenväter für Endivien und Kopfsalat. Doch das Spannendste ist, wie stets, was nicht herausgekommen ist. Nach jahrelanger mühseliger Programmierarbeit fehlen den Computermönchen noch immer die Informationen über Gott. »Von Gott«, gesteht Pater Lucien Regnault, »ist da nicht viel die Rede, auch nicht von Christus und nicht von der Jungfrau Maria … «

Warum nicht? Sind diese Heiligen des 4. Jahrhunderts nicht zu Tausenden in die Wüste gegangen, um Gott zu erfahren? Gott und nichts anderes. Haben sie uns über Gott nichts zu sagen?

Nein. Nicht einmal Makarius der Alte. Wie kein anderer Eremit der Nitrischen Wüste war er in Gott versunken. Zwei junge Griechen wollten deshalb unbedingt seine Jünger werden. Drei Jahre blieben sie bei ihm. Und lernten von ihm viel: was und wie viel essen, wie eine Hütte bauen, wie sich in der Wüste kleiden, wie Seile flechten, wie die Psalmen singen. Aber über Gott reden? Drei Jahre lang sagte Makarius der Alte den beiden jungen Griechen über Gott kein Wort.

Größer als Makarius war in der Wüste nur Antonius selbst. Antonius der »Mönchsvater des Westens«. Er ist der berühmteste Heilige der christlichen Antike. Dennoch wird von ihm berichtet, dass er einen Charakterfehler hatte: Wenn Besucher in seine Einsiedelei kamen, konnte Antonius sehr redselig werden. Über alles »und einiges mehr« schwatzte er dann. Nur über eines schwieg er. »Er war erfüllt vom Geist Gottes«, heißt es in den Vätersprüchen, »doch vor den Menschen darüber reden wollte er nicht.«

Manche Atheisten haben mehr religiöse Erfahrung als manche Christen. Sie merken wenigstens dies: dass Gott schweigt. Wer sich ihm nähern will, muss zuerst selber schweigen lernen. Der Ort des Schweigens ist die Wüste. Nicht jeder wird sich in die Wüste zurückziehen wollen. Das ist auch nicht nötig. Geh nur in eine christliche Kirche. Bete nicht, sondern nimm die Stimmung auf. Sie ist ganz anders als in einem indischen Tempel oder in einer chinesischen Pagode. Stein und Stille sind das prägende Stimmungselement in christlichen Kirchen. Schweigen ist das Innerste der christlichen Askese.

Papst Benedikt XVI hatte das Jahr 2012 zu einem »Jahr des Glaubens« ausgerufen. Was da wieder alles geredet, gepredigt, verkündet wurde und wird. Ungleich mehr erführe die Menschheit über Gott, wenn sein Stellvertreter ein »Jahr des Schweigens« ausrufen würde.

36 DJ HELL UND DER HIMMEL

Er ist eine deutsche Techno-Legende. In aller Welt feiern ihn die ravenden Massen als Champion des – wie sein Name sagt – musikalischen Höllenlärms. Jetzt aber hat DJ Hell ein umwerfendes Geständnis abgelegt: »Das Höchste der Gefühle ist für mich, keine Musik zu hören.«

Ja, DJ Hell, jaja! Musik wird störend oft empfunden, Techno-Musik immer! Und DJ Hell, das ist seine höllische Qual, ist von Techno nicht nur oft umgeben, sondern immerzu: »Im Auto«, klagt er, »im Büro, im Studio, auf der Party, immer.« DJ Hell stöhnt: »Das ist nur was für die Härtesten.«

DJ Hell *ist* der Härteste. Wonach aber sehnt sich der Härteste? Im Grunde seines harten Herzens, inmitten des höllischen Lärms, den er selber weltweit entfesselt, sehnt DJ Hell sich nur nach einem. Nach Stille. »Stille«, bekennt DJ Hell, »Stille bedeutet Erholung, Inspiration.«

So etwas nennt sich eine Bekehrung. Bekehrung von der Hölle zum Himmel. »Göttlich ist nur, was im Schweigen geworden ist«, sagt Sören Kierkegaard. Noch schöner sagt es der heilige Thomas von Aquin: »Die Engel verkünden das göttliche Schweigen.«

Um deine Bekehrung zur himmlischen Stille zu vollenden, lieber DJ Hell, brauchst du jetzt allerdings einen anderen Namen. Wie wär's mit DJ Heaven? Oder ist dir das zu christlich und somit politisch nicht hinreichend korrekt? Vielleicht lieber DJ Paradise?

Allerdings irrst du gewaltig, wenn du meinst, du könntest aus deiner musikalischen Hölle einfach so, mir nichts, dir nichts, wegfliegen ins Paradies der Stille. Vor dem Paradies kommt noch, nachlesbar bei Dante, das Purgatorio. Das Fegefeuer. Was könnte das sein, das musikalische Fegefeuer in der Disco bei DJ Hell?

An deiner Stelle würde ich ein bisschen Bach auflegen. Johann Sebastian Bach. Besonders empfehle ich die Solo-Suite für Violoncello Nr. 5 in c-moll. Wie die ravenden Massen reagieren werden auf derlei purgierende Klassik, das ist allerdings schwer vorauszusagen.

Der göttliche Lohn solcher Buße aber ist das Paradies. Das göttliche Schweigen der Himmel. Welche Seligkeit für einen, der sein Leben lang nichts produziert hat als höllischen Lärm. Frage nur, ob die Seligkeit von Dauer sein wird. Lies zur Vorsicht selber vorher Dantes »Göttliche Komödie«. Alle, die sich durchgelesen haben durch alle drei Bände, sagen nämlich das Gleiche: Die Hölle war faszinierend. Das Fegefeuer war wenigstens unterhaltsam. Aber das Paradies? Selbst an Beatrices Arm war da ganz schnell nichts mehr als tödliche Langeweile.

DJ Hell! Dass du dich selber nach göttlicher Stille sehnst, ist weiß Gott zu verstehen. Aber denk doch an deine Millionen Fans. Denen kannst du einfach nicht antun, was Dante uns in der Göttlichen Komödie angetan hat mit dem Paradies. So schwer es dir fällt, bring der Menschheit dieses Opfer: Lärme weiter tief unten in der musikalischen Hölle. Bleibe, der du bist: der Fürst des musikalischen Infernos, unser ohrenzerreißender DJ Hell!

37 VANITY FAIR

Ich weiß in Zürich eine Bar. Dort einen Abend zu vertrinken ist so viel wert wie ein ganzes Studium der Theologie. Warum gerade der Theologie? Das wird sich später zeigen. Zuerst muss ich die Bar beschreiben. Die Tapas dort sind grausig und grottenschlecht ist der Prosecco. Dennoch ist die Bar vom späten bis zum frühen Morgen wie eine Legebatterie so qualvoll überfüllt. Dies nämlich ist der lieu de rencontre einer neuen schweizerischen Duokulti-Szene: An den langen hohen Tischlein wimmelt es von deutschen Immigranten (Typ: globalisiertes Cyber-Prekariat) und von Zürcherinnen über dreissig (Typ: »Ich will öppis vom Läbe ha«). Das duokulturelle Spiel der Mienen, Gesten, Worte ist die schönste Komödie, die es in Zürich zu betrachten gibt.

An diesem Abend aber war etwas anders. An der eigentlichen Weinbar, mir gegenüber, saß eine Frau um vierzig. Weich ihre Züge, intelligent ihr Blick. Offenkundig gehörte sie nicht hierher. Das schien auch ihr Hund zu spüren. Immer wieder japste er. Der Hund wollte weg.

Plötzlich riss er sich los. Wie verrückt bellend rannte er quer durch die Bar der offenen Türe zu. Ein älterer Deutscher, selber schon am Gehen, warf sich im letzten Augenblick geistesgegenwärtig auf die lose Leine. Dann, ganz Kavalier, brachte er den Hund seiner Herrin an die Weinbar zurück.

Überschwänglich bat sie ihn, als kleinen Dank wenigstens einen Ristretto anzunehmen. Dann aber nahm sie ihn gefangen mit jener gespielt feinsinnigen Aufmerksamkeit schweizerischer Frauen, auf welche die Deutschen seit alters ahnungslos hereinfallen. Nach Art seines Volkes begann er viel und volubil zu reden. Jedoch, wie um sich selber daran zu erinnern, dass er eigentlich gehen wollte, vor allem: dass er den Ristretto selbst bezahlen wollte, hielt er mit der linken Hand sein Portemonnaie unübersehbar in die Luft. Immer gestenreicher redete er dafür mit der rechten Hand. Immer länger. Wie lange? Wohl über eine Stunde lang.

Einen Augenblick nur war ich abgelenkt. Da war der Deutsche weg. Wie leblos saß die Frau vor ihrem leeren Glas Prosecco. Ihre Züge waren aschgrau eingefallen. Gleichgültig bezahlte sie und machte sich auf zur Tür.

Plötzlich war sie wieder da. Eine große Flasche Prosecco bestellte sie jetzt. »Aber als take away«. Am linken Arm zog der Hund sie zur Tür hinaus. Mit dem rechten Arm an die Brust gedrückt hielt sie eine weiße Plastiktüte. Drauf das berühmte Logo der Bar. Drin der grottenschlechte Prosecco. So verschwand sie hinaus zu ihrem Tram. Man brauchte kein Frauenversteher zu sein, um zu spüren, dass diese Frau heimfuhr in eine grottenschlechte Nacht.

»Vanitas vanitatum« hat König Salomon gesagt: Die Welt ist nichts als Eitelkeit und Einbildung und Trug. Noch besser haben es unsere protestantischen Väter gesagt: Frau Welt ist eine »vanity fair«. Und sie wäre, wie jene Bar in Zürich, die schönste aller Komödien, stürzte sie nicht zum Schluss in die Tragödie ab.

38 DIE REVOLUTIONÄRE OPER

Es steht ein Opernhaus mitten in Pjöngjang, geheißen »Die Revolutionäre Oper«. Nichts nämlich wurde dort, seit einem halben Jahrhundert, gespielt als jene fünf revolutionären Libretti, die der Große Führer Kim Il Sung einst im antiimperialistischen Kampf abends am Lagerfeuer verfasste, inspiriert von seiner Treuesten Kampfgefährtin Kim Jong Suk. Unglaublich tragisch »Das Meer von Blut«. Unglaublich idyllisch »Das Blumenmädchen«. Unglaublich lyrisch »Und ewig sprechen die Wälder«. Alles stets persönlich inszeniert von seinem Sohn, dem Lieben Führer Kim Jong Il.

Und jetzt? Als ich am Eingang zur Revolutionären Oper nach Karten fragte, bekam ich nichts zu hören als faule Ausreden. Einen festen Spielplan gebe es nicht, schwindelte die eine. Die Schauspielerinnen, alle Kampfgefährtinnen noch von Kim Il Sung, seien jetzt alle sehr alt und derzeit krank, schwindelte eine andere. Die Wahrheit verriet ganz leise eine dritte: »Sagen Sie es auf keinen Fall weiter. Aber die Revolutionäre Oper findet nicht mehr statt.«

Nach einem halben Jahrhundert wollen die Pjöngjangerinnen und Pjöngjanger, ja wollen nicht einmal die Gewerkschafter, die Pimpfe und das Militär so etwas mehr sehen. Vor allem die revolutionäre Pause von zwei Stunden zwischen dem ersten und dem zweiten Akt wurde als ein bisschen lang empfunden. »Dafür spielen wir jetzt pausenlos Peking-Oper.« Für jene, die's nicht wissen: Peking-Oper verhält sich zur Kim-Il-Sung-Oper etwa so wie Franz Lehár zu Karl Marx.

Wer jetzt antikommunistische Schadenfreude empfindet, dem rate ich zu einer Reise nach Isfahan. Das ist die schönste Stadt des Iran. Und mittendrin das Herzstück der Islamischen Revolution: der Imam-Chomeini-Platz mit der prachtvollen Jameh-Moschee. Wie war sie doch überfüllt, damals, ja damals in den Tagen der Islamischen Revolution! Und jetzt? Ein Blick hinein: Verloren schlurfen, sogar zu Gebetszeiten, ein paar alte Männer durch das riesige Gotteshaus. Selbst hinter dem wehenden Vorhang, der die Frauen verbirgt, nur noch ein leises Geschnatter.

Voll christlicher Schadenfreude fuhr ich heim. Da kam die Hiobsbotschaft aus Einsiedeln. Noch steht sie gewaltig da am Fuß der Alpen, die Abtei, in der einst Millionen Wallfahrer auf dem Weg nach Rom gekniet haben. Für »Junge und Junggebliebene« findet dort noch immer, jedes Jahr, die »Junge Wallfahrt« statt. Diesmal allerdings kam nur noch eine einzige Person. Ein Mädchen. Vor seiner einzigen Wallfahrerin hielt der Abt von Einsiedeln unverdrossen eine Predigt, in der er betonte, gerade die Tatsache, dass niemand mehr komme, habe der Kirche viel zu sagen.

Nur der Kirche? »Repetita non placent«, sagten die Alten, »was endlos oft gespielt wurde, will zum Schluss niemand mehr sehen.« Ist das ein Ehernes Gesetz, gleichermaßen gültig für Kommunisten, Muslime und Christen? Wahrscheinlich ja.

Aber die Revolutionäre Oper von Pjöngjang, um die ist es trotzdem schade.

39 SCHLACHTFELD FRIEDHOF

Den Deutschen selber scheint es nicht aufzufallen, mir aber, dem Fremden wohl: Das Schönste an Deutschland sind seine Friedhöfe. Der kleine Waldfriedhof in Rhöndorf, wo Konrad Adenauer liegt, ist schöner als der große Père Lachaise in Paris. Und mag Amerikas berühmtester Friedhof, Arlington bei Washington, monumentaler angelegt sein, so schenkt doch mancher deutsche Großstadt-Friedhof, den niemand auf der Welt kennt, dem Besucher ein stärkeres Erlebnis natürlicher Weite, Offenheit und Poesie: »Komm in den totgesagten Park und schau … « Neben einem Friedhof zu wohnen, ist in diesem Lande ein großes Glück.

Umso betroffener war ich, als einer meiner Nachbarn traurig zu mir kam. Er ist Steinmetz von Beruf, und ich habe die Grabsteine oft bewundert, die er unweit vom Friedhofseingang ausgestellt hatte. »Ich muss hier weg«, sagte er, »Ich mache mein Geschäft zu.« Was los sei, wollte ich wissen, er sei doch schon seit zehn Jahren hier. »Das ist es eben«, gab er zur Antwort. »Seit zehn Jahren kämpfe ich darum, mit meinen Grabsteinen auf den Friedhof zu kommen. Hartnäckig habe ich es versucht. Jetzt aber muss ich aufgeben. Diesen Kampf habe ich verloren.« Was ich dann erfuhr, waren grausige Geschichten vom täglichen Kampf um Särge und Gräber. Vom erbitterten offenen, vom zermürbenden heimlichen Kampf zwischen allen denkbaren Seilschaften von Bestattungsunternehmern,

Gärtnern und Steinmetzen. »In zehn Jahren habe ich nicht ein Bein auf diesen Friedhof gekriegt.«

»Der Krieg ist aller Menschen Vater, aller König«, hat Heraklit gesagt. Erstaunlicherweise hat er nur an die Lebendigen gedacht. Denn er fährt fort: »Die einen macht er zu Göttern, die anderen zu Menschen, die einen zu Sklaven, die anderen zu Freien.«

Heraklit hat die Toten vergessen. Vielleicht weil der Krieg über die Toten anders herrscht als über die Lebendigen. Solange einer kämpft, solange lebt er. Doch wenn er tot ist, heißt das nicht, dass der Kampf zu Ende sei. Jetzt wird um ihn gekämpft. Um jeden kleinen Toten kämpfen gnadenlos die Erben. Um jeden großen Toten kämpfen die Historiker, die politischen und religiösen Jünger. Warum gilt Plato als größter griechischer Philosoph? Weil seine Schule besser für ihn und seine Lehre gekämpft hat als alle andern. Und warum hat der Gregorianische Choral als allerälteste Musik so lange überlebt? Weil seine ganze Geschichte, nach dem kompetenten Urteil von Maur Cocheril, nichts anders war als »une longue bataille – eine endlos lange Schlacht.«

Es ist jetzt wichtig zu wissen, dass Heraklit kein Pessimist war. Kampf war für ihn etwas Schöpferisches. Atmet nicht der Gregorianische Choral göttlichen Frieden? Und wie mit dem Choral, so mit dem deutschen Friedhof. In der Weite seiner baumbestandenen Alleen herrscht paradiesischer Frieden. Und keiner, der hier wandelt, denkt daran, dass all die Schönheit jeden Tag neu hervorgeht aus einer »endlos langen Schlacht«.

40 HÖLLISCHES GLÜCK

Dass nichts spannender ist als das Erlebnis der Hölle – dies ist vielleicht die einzige Erfahrung, über die, unter Christen, ökumenisches Einverständnis herrscht. So hat es John Milton, der bedeutendste protestantische Dichter, dargestellt in »Paradise Lost«. Ihre grandiose Dramatik gewinnt ja Miltons Dichtung nur dadurch, dass sie eben nicht im Paradies anhebt, sondern in tiefster Hölle mit dem Aufstand Satans. Deutlich spürbar ist bei Milton sogar so etwas wie heimliche Bewunderung, Achtung jedenfalls für den Engel, der den Mut hat, zu rebellieren gegen Gott. Und ähnlich, lang zuvor, in Dantes »Göttlicher Komödie« Dass der erste Band der Trilogie, das »Inferno«, den katholischen Dichter weit stärker inspiriert hat als danach »Fegefeuer« und »Paradies«, dies scheinen vom Hörensagen sogar jene zu wissen, die selber die »Göttliche Komödie« nicht gelesen haben.

Leider hat sich etwas anderes in letzter Zeit nicht mehr so allgemein herumgesprochen: Noch bevor er abstieg zu den Verdammten, hat Dante etwas erlebt, was an Beklemmung die Hölle selber bei weitem übertrifft.

Ganz oben war das, noch am Höllentor. »In sternenloser Nacht« sah dort der Dichter Menschen ohne Zahl jammervoll im Kreise treiben »wie Sand gejagt in einem Wirbelsturme«. Mit wilden Schmerzenslauten, bald gellend, bald heiser, betteln sie verzweifelt um Einlass. Doch der Teufel lässt sie in die Hölle nicht herein.

Dies seien Seelen, fährt Dante fort, »die nie gelebt haben«. Jetzt hätten diese Unglückseligsten von allen nicht einmal mehr Hoffnung auf Einlass in die Hölle.

Was aber sind das, »Menschen, die nie gelebt haben«? Das sind »die lauen Seelen«. Menschen, die nie für etwas gekämpft haben, die sich nie für etwas eingesetzt haben, die weder für das Gute gekämpft, noch für das Böse rebelliert haben. In allem immerzu darauf bedacht, unparteiisch zu bleiben, haben sie nie in ihrem Leben eine Entscheidung gefällt. Jetzt, im Jenseits, irren die »lauen Seelen« ewig heimatlos herum. »Der Himmel«, sagt Dante, »will sich nicht mit ihnen schänden.« Doch auch dem Teufel graust's vor solchen Menschen so, dass er vor ihnen das Höllentor verschließt. Wohl steht über diesem Tor als letzte Warnung geschrieben: »Hier ist der Eingang zum verlorenen Volke.« Und doch kreisen die lauen Seelen ruhelos um eben dieses Tor, ewig getrieben von dem ewig unerfüllbaren Wunsch: endlich doch Partei zu sein, endlich doch zu jemandem zu gehören, und sei es zu den Verlorenen in der Hölle.

So stellt es Dante dar im dritten Gesang des Inferno. Warum mir das einfällt? Weil ich gerade lese, dass 85% unserer Zeitgenossen nicht die geringste Angst haben, jemals in die Hölle zu kommen. Diese Sorglosigkeit ist zweifellos berechtigt. Dennoch ist sie trügerisch. So wie die meisten von uns leben, laufen wir im Gegenteil Gefahr, dereinst »wie Sand vom Wirbelsturm getrieben« in alle Ewigkeit zu kreisen vor verschlossenem Höllentor.

41 DIE ANGST VOR DER UNSTERBLICHKEIT

Bald steigen sie wieder auf alle österlichen Kanzeln und predigen, voll bemühter Freude, von Auferstehung und Unsterblichkeit. Glaubt solcher Freude nicht. Glaubt lieber dem Evangelium nach Markus. Das ist der früheste und sicherste Bericht von der Auferstehung Christi. Als nämlich Maria Magdalena, Salome und Maria, die Mutter des Jakobus, zum Grab kamen, um den Gekreuzigten zu salben, als sie es leer fanden und ein Engel ihnen sagte, Jesus sei von den Toten auferstanden, da, so schildert es Markus, brachen die drei Frauen nicht in Jubel aus. Ganz im Gegenteil: »Weg gingen sie vom Grab und flohen. Denn Schrecken und Entsetzen hatte sie gepackt. Und sie sagten niemand etwas davon. Denn sie hatten Angst« (Markus 16; 8).

Vor mir ist mein bester Freund gestorben. Zu Grabe habe ich ihn getragen in tiefer Trauer. Wie aber, wenn er auferweckt würde? Wenn er plötzlich wieder vor mir stünde? Es ginge mir wie den drei Frauen in Jerusalem. Sprachlos wäre ich vor Beklemmung und Entsetzen.

So hat es auch Homer empfunden. Von allen Abenteuern erfüllt keines Odysseus so mit Angst wie die Fahrt über die grausige Schwelle des Todes. Gewiss, all die gefallenen Freunde und Helden aus Troja findet er im Hades wieder. Achilles selber spricht dort mit ihm, doch nur um ihn davor zu warnen, das »unglückselige Wagnis« der Fahrt ins Jenseits noch länger fortzusetzen. Dies sei ein Schattenreich, in dem es selbst einem König wie ihm schlechter ergehe als einem Bauernknecht auf Erden.

Zwei Jahrtausende nach Homer, am Karfreitag des Jahres 1300, hat Dante »nel mezzo del cammin di nostra vita«, »mitten drin im Leben noch« ein ähnliches Wagnis unternommen. Aber nicht erst in der Hölle selbst, schon vor dem Höllentor hat ihn das Grausen übermannt. Da trifft er auf die »lauen Seelen«, all die ganz normalen Zeitgenossen, die nicht gut genug lebten für den Himmel, nicht schlecht genug für die Hölle. Wie Sand in sternenloser Nacht, so treiben sie im Jenseits ewig heimatlos umher. Ungleich besser zu Hause fühlt sich Dante in der Hölle. Mit Bildern voll unerschöpflicher Phantasie schwelgt er in den Leiden der Verdammten. Doch dann geht es durchs Fegefeuer hinauf ins Paradies. Da empfängt ihn Beatrice. Seine Muse! Dennoch ist es vorbei mit aller Inspiration. Blass, farblos, todlangweilig ist das Paradies bei Dante. Gibt es noch etwas Langweiligeres? Ja. Gespenstisch, jammervoll wie einst im Hades von Homer erscheint im 20. Jahrhundert das Leben der Abgeschiedenen im »Triptychon« von Max Frisch.

Im Augenblick scheinen die meisten von uns nicht mehr an ein Leben nach dem Tod zu glauben. Das wirkt aufgeklärt. Vielleicht ist es aber das Gegenteil. Vielleicht ist es Verdrängung. Vielleicht sind wir nur auf der Flucht. Wie einstmals die drei Frauen im Evangelium nach Markus, als sie entsetzt flohen aus dem leeren Grab des Auferstandenen. Tief in deinem und in meinem Herzen sitzt die Angst vor der Unsterblichkeit.

42 JESUS HATTE KEINE ZEIT

Nichts Schöneres gibt es in der Kunst des Ostens als die Bilder des Buddha unter dem Feigenbaum von Uruvela. Da sitzt er im üppigen Grün, die fünf Jünger zu seinen Lotus-Füßen. Sieben Jahre lang meditiert Buddha in tiefer Ruhe und Entsagung. Dann, als fiele die reife Frucht vom Feigenbaum, wird ihm vollkommene Erleuchtung zuteil.

Es liegt jetzt nahe, darauf hinzuweisen, dass nicht nur Buddha und seine Jünger meditiert haben. Viele Jünger Jesu Christi haben das auch getan. Gibt es nicht, oftmals dargestellt in einem blätterreichen Stammbaum, all die Rheinischen Mystiker? Hat nicht die Große Theresia ihren Schwestern in Avila geboten, zwei Stunden am Tag schweigend zu meditieren? Fast so zahlreich wie die Meister des Zen sind die Meisterinnen und Meister der christlichen Meditation. Jeder mit einer anderen Methode. Ich habe es mit allen versucht. Mit Augustinus (»mysteria requiramus«), mit Meister Eckhardts »fünkelin der zêle«, mit dem »Aufstieg zum Berg Karmel« des Juan de la Cruz. Und ganz zum Schluss erst ist mir aufgefallen, was ich zu Anfang hätte merken müssen: Es gibt keine Meditationsmethode nach Jesus Christus. Nicht die Spur davon. Warum nicht?

Dreissig Jahre alt war Buddha, als er sich unter den Feigenbaum von Uruvela setzte. Dreissig war auch Jesus, als er zu wirken begann. Bis dahin nehmen sich die beiden Lebensläufe ähnlich aus. Von da an aber unterscheiden sie sich radikal. Kein Wunder nämlich, dass Buddha sieben Jahre lang unter seinem Feigenbaum sitzt. Er hat ja Zeit. Achtzig Jahre wird er leben. Jesus hat wohl auch meditiert. In der Wüste am Jordan. Aber nur vierzig Tage lang. Das ist kürzer. Dann überstürzen sich im Leben des Galiläers die Ereignisse. Er zieht los und predigt. Drei Jahre lang, sagen die meisten. Doch einer der frühesten christlichen Chronisten, Irenäus von Lyon, berichtet im 2. Jahrhundert, Jesus sei nur ein Jahr lang aufgetreten. Dann ging es mit ihm ans Kreuz.

Um die Stimmung zu beschreiben, die in dieser gedrängt kurzen Zeit um den Wanderprediger Jesus herrschte, verwendet Markus, das früheste und beste Evangelium, zweiundvierzig Mal das griechische Wort »euthys«. Das heißt »sofort, sogleich, stracks, augenblicklich«. So zog er von Galiläa nach Samaria, nach Peräa, nach Phönizien, in die Tetrachie, in die Dekapolis und wieder nach Galiläa zurück: »sogleich, sofort, stracks, augenblicklich«. Ruhelos wandernd. Ruhelos predigend. So hat er das Ende der Zeit beschworen. So steigert, ja übersteigert sich bei Markus, von Kapitel zu Kapitel, die rastlose Spannung bis zum jähen Ende am Kreuz.

Stilleben um Buddha, Drama um Jesus Christus. Und Streit. Streit in den Synagogen von Galiläa, Streit im Tempel von Jerusalem. Streit und Tragödie. Das ist das Gegenteil von Meditation. Jesus war einer, der keine Zeit hatte, sich in sich selber zu versenken. Er tat und litt. Wer sein Jünger sein will, der folge ihm nach.

43 ICH BIN PAPST

Der erste der großen Weisen Griechenlands, Thales von Milet, war, so erzählt Sokrates, besessen von der Leidenschaft, »den Blick nach oben zu richten, um die Sterne zu beschauen«. Einmal war er so entrückt in die Betrachtung des nächtlichen Sternenhimmels, dass er einen unbedachten Schritt tat und dabei, kopfüber, in einen Brunnen stürzte. Als er wieder auftauchte, stand über ihm am Brunnenrand eine Magd aus Thrazien. Das unwissende Mädchen schüttelte den Kopf über den tropfnassen Weisen: »Was, du willst wissen, was im Himmel ist, und siehst nicht einmal, was vor dir liegt auf der Erde?«

Papst Benedikt XVI hat oft betont, wie sehr er der geistigen Tradition der Griechen verpflichtet sei. Hat er dabei auch schon an Thales von Milet gedacht?

Niemand wende ein, Thales sei kein Christ gewesen, sondern ein alter Heide. Das spricht nicht gegen ihn. In Thales von Milet verkörpert sich die Urgebärde der Religion: Er hat hinaufgeblickt zu den Sternen. So wie jene ägyptischen Priester, von denen er sich all sein Wissen über die Sterne geholt hat. Sie waren ja keine Seelsorger, schon gar keine »Pastoralpädagogen«, die ersten Priester in Ägypten und in Babylon. Himmelsbeobachter, Sterngucker waren sie. Dennoch sind sie uns heute fern. Nahe geblieben aber ist uns Thales von Milet. Als wäre er der modernste, der aktuellste Heilige. Er, der so hoch hinaufblickte zu den Sternen, er, der so tief hinabfiel in den Brunnen von Milet.

Papst Benedikt, so schimpfen viele, begehe einen törichten Fehler nach dem andern. So habe er zuerst in seiner Regensburger Rede die Muslime beleidigt, dann, mit der erneuten Erlaubnis der alten Karfreitags-Fürbitten, die Juden, dann, mit der Begnadigung von Bischof Williamson, die ganze politisch korrekte Welt. Und das alles aus lauter Ungeschicklichkeit, aus der Weltfremdheit eines geborenen Universitätsprofessors.

Aber ist es denn so schlimm, dass ein Mann Gottes weltfremd ist? Ist es wirklich unverzeihlich, dass er in der Krise seiner Kirche den Tag damit verbringt, ein neues Buch zu schreiben? Thales von Milet hätte wohl das Gleiche getan.

Wie wäre es denn, wenn Benedikt, nach all den anderen Heiligsprechungen der jüngsten Zeit, auch schon einmal daran dächte, Thales von Milet heiligzusprechen? Er könnte ihn gebrauchen. Nicht nur als Patron hoch oben in den Sternen, sondern auch als Fürsprecher bei seinen Kritikern hier unten auf Erden. Mit der Geschichte vom Brunnensturz in Milet hat Sokrates ja nicht nur Thales in Frage stellen wollen, sondern auch jene thrazische Magd. Dass ein Weiser so ungeschickt sein könne, verstand sie ja nur deshalb nicht, weil sie selber nie hinaufgeblickt hatte zu den Sternen. So wenig wie heute die Kritiker Papst Benedikts.

Eine Zeit wird kommen, die über diesen Papst ein ganz anderes Urteil fällen wird als wir: Er war so fehlbar, wird es heißen, wie Griechenlands ältester Weiser. Er war so groß wie Thales von Milet.

44 EIN GANZ MODERNES WUNDER

Gar viele Wunder hat der heilige Filippo Neri gewirkt. Das wunderbarste aller Wunder aber war seine Fähigkeit, an zwei verschiedenen Orten gleichzeitig anwesend zu sein. Theologisch gesprochen: Filippo besaß die Gnadengabe der Bilokation. Manche sprechen gar dem heiligen Philipp die noch beneidenswertere Gabe der Trilokation zu. Das ist die Fähigkeit, an drei Orten gleichzeitig anwesend zu sein. Damit es nicht zu kompliziert wird, wollen wir uns auf die Gnade der Bilokation beschränken. Wie wurde sie dem heiligen Filippo Neri zuteil?

Im Jahr 1600 erkrankte Papst Clemens VIII schwer an Gicht. »Jetzt«, sagten die Kardinäle, »jetzt kann nur noch Filippo Neri helfen.«

Ein heikler Rat. Bei manchen im Vatikan war Filippo nämlich so unbeliebt, dass sie schon Jahre zuvor zu Michele Ghislieri, dem Großinquisitor, gelaufen waren mit der Bitte, er möge den Heiligen verbrennen. »Eher könnte ich den Papst verbrennen«, antwortete trocken der Inquisitor, »Filippo Neri ist doch viel zu beliebt.«

Aus zwei Gründen war Filippo so beliebt. Einmal weil er die besten Witze über den Vatikan riss, zum andern, weil die Römerinnen und Römer alle überzeugt waren, es genüge, den heiligen Filippo Neri zu berühren, um auf der Stelle geheilt zu sein, von Gicht, Rheuma, Arthritis und dergleichen Plagen mehr.

Filippo ward gerufen. Filippo kam zum Papst. Eine

halbe Stunde hielt er ihm die Hand. Doch das nützte nichts. Da kletterte der Heilige mit einem Mal aufs Bett und legte sich der Länge nach dem Heiligen Vater auf die Brust. Die Kardinäle waren aufs Äußerste befremdet, Papst Clemens aber war auf der Stelle von der Gicht geheilt.

Leider war es mit den Heilungen des heiligen Philipp damals wie mit den meisten Heilungen in Lourdes heute: Sie wirken wohl, aber nicht lange. Eine Woche später wurde Filippo schon wieder in den Vatikan gerufen. Eine Woche danach erneut. Und so immer weiter. Bis es dem Heiligen zu viel wurde.

Diese Gänge in die Kurie waren ihm nämlich entsetzlich zuwider. Viel lieber saß er bei seinen Freunden, den Stadtstreichern Roms, auf dem Campo de'Fiori. Auf der andern Seite war der Heilige ein Christ. Mit dem kranken Papst hatte er Mitleid. So kam er auf den Gedanken. Er bat Gott um die Gnadengabe der Bilokation. Fortan saß Filippo Neri stets, wenn der Papst seiner bedurfte, im Vatikan, genoss aber zu gleicher Zeit das Leben auf dem Campo de'Fiori.

Filippo Neri ist der Schutzpatron der Stadt Rom und, natürlich, der Gichtkranken. Vielleicht sollten wir ihn auch anrufen als Schutzpatron des modernen Berufslebens. Telephon, Email und Videokonferenzen, sind das nicht alles tölpelhafte Versuche einer gottlosen Geschäftswelt, jene Gnadengabe der Bilokation, ja der Trilokation nachzuäffen, die einst ein römischer Heiliger locker und souverän besaß?

45 SUCHE GOTT, ABER FRAGE NICHT, WO ER WOHNT

So verfemt war spirituelles Geschwätz bei den Wüstenvätern Ägyptens, dass es selbst den großen Alten unter ihnen streng verboten war, jüngeren Brüdern Belehrungen zu erteilen. Gerade sie, die Wissenden, hatten zu schweigen. Es sei denn, ein Jünger stellte ihnen eine Frage. Doch das durfte nur ganz selten geschehen. Dann lautete die geheiligte Frage: »Alter, sag uns ein Wort!«

»Sag uns ein Wort!«, sagten eines Tages die Jünger zu Wüstenvater Jakob. Und er gab ihnen zur Antwort: »Fremde aufzunehmen ist gut; aber es ist besser, selber ein Fremder zu sein.«

»Xeniteia!« Ständig kehrt dieses griechische Wort wieder in den »Apophthegmata«, im ältesten zeitgenössischen Bericht über die Wüstenväter. Dieses früheste und schönste Wort für die Nachfolge Jesu Christi hat die moderne Christenheit vergessen. Auf Deutsch heißt »xeniteia« »Fremdsein«. Noch ein bisschen moderner gesagt: »Xeniteia« heißt »Nichtintegriertsein«.

Hinaus aus den Dörfern Ägyptens. Hinaus aus der guten Gesellschaft von Alexandrien. Und hinaus in die Wüste. Doch nicht um die Einsamkeit ging es den Wüstenvätern, sondern um die Heimatlosigkeit, die xeniteia. So sehr, dass manche nicht einmal in den weiten Streusiedlungen der Einsiedler in der Nitrischen Wüste heimisch werden wollten. Das waren die Wander-Eremiten, die Einsiedler ohne Einsiedelei. Der größte unter ihnen war der heilige Besarion. »Es machte ihm Freude«, heißt es in den Apophthegmata, »sich auf der grenzenlosen, unwirtlichen Sandwüste herumzutreiben wie ein Schiffer auf dem Meer.« Nicht etwa als strengste aller Bußen habe Besarion die selbstgewählte Heimatlosigkeit erlebt, sondern als höchstes irdisches Glück.

»Keine Stadt, kein Dorf betretend, allein die ungangbare Wüste sich gangbar machend«, so zogen die frühen christlichen Wander-Eremiten nach Osten bis zur Grenze Persiens, nach Westen bis nach Griechenland und von dort bis unter die Brücken Roms. Ephräm der Syrer, der unter ihnen gelebt hat, schildert sie so:

»Wie wilde Tiere ziehn sie von Wüste zu Wüste
Wie Hirsche schweifend von Weide zu Weide
Wie Vögel so ziehn sie über die Berge hinweg.«

Christlich ist es, Fremde barmherzig aufzunehmen. Christlich, sie heimisch zu machen, ihnen bei der Integration zu helfen. Ungleich christlicher aber ist es, selber ein Fremder zu sein. Nicht heimisch, nicht geborgen, nicht integriert. Kein Fremder mit erduldetem »Migrationshintergrund«, sondern mit frei gewähltem Migrationsvordergrund. Dieser bewusste Verzicht auf Integration ist der Weg der Gotteserfahrung. Denn so ist Gott selbst. Es fällt ja auf, dass Gott überhaupt nicht integriert ist, nicht sozial, nicht politisch nicht kulturell. Dass er es vorzieht, abwesend zu sein, allen ein Fremder. »Abba, gib uns ein Wort«, sagten eines Tages die Jünger zum Wüstenvater Sisoes. »Suche Gott«, gab der Alte zur Antwort, »aber frage nicht, wo er wohnt.«

46 WAS IST DER GEIST JESU CHRISTI?

Warum sind eigentlich die kleinen, schmalen Bücher, die Pinchas Lapide, der jüdische Religionshistoriker, über Jesus Christus geschrieben hat, so viel spannender als alle christliche Theologie? Und was konnte ihn, einen Juden, der vor der nationalsozialistischen Verfolgung nach Palästina fliehen musste, bewegen, nach dem Krieg zurückzukehren nach Deutschland, um dort, ausgerechnet dort, über Jesus Christus zu forschen und zu schreiben? Erst am Ende eines langen Gesprächs über andere Dinge habe ich mich getraut, ihn das zu fragen. Die Antwort kam so locker und selbstverständlich, als erzähle er nur eine von vielen, bedeutungslosen Anekdoten:

Nach der Gründung des Staates Israel war Pinchas Lapide, von 1956 bis 1958, als Konsul nach Mailand geschickt worden. Dort, sagte er, habe er eines Tages die Aufgabe übernommen, eine italienische Äbtissin zu ehren, die gegen Ende des Kriegs viele Juden in ihrem Kloster versteckt und ihnen so das Leben gerettet hatte. Eine eher schleppende öffentliche Zeremonie sei das gewesen, wie man sie eben hinter sich bringe. Auch habe die alte Nonne auffallend in sich gekehrt gewirkt, so als gingen sie die ehrenden Worte, die doch an sie gerichtet waren, überhaupt nichts an. Auch danach, bei einem Zusammensein im kleinen Kreis, sei sie fast die ganze Zeit stumm geblieben. Doch plötzlich habe sie aus ihrem Stuhl zu ihm aufgeschaut, habe ihn aufmerksam gemustert und leise und eindringlich gefragt: »Sagen Sie mir, was sind Sie denn nun: Sind Sie Kommunist oder Jude oder Nazi?« Entgeistert habe er sie angestarrt und sich gefragt, ob die alte Frau nicht schon ein bisschen geistig verwirrt sei. Sie aber habe ihm unverwandt in die Augen geschaut und dann, ganz trocken, ungerührt, hinzugefügt: »Wissen Sie, in unserem Kloster haben wir zuerst die Kommunisten vor den Faschisten versteckt. Dann haben wir die Juden vor den Deutschen versteckt. Und dann, nach dem Krieg, haben wir bei uns die alten Nazis versteckt. Und jetzt kann ich sie alle nicht mehr voneinander unterscheiden.«

»In jenem Augenblick«, sagte Pinchas Lapide, »habe ich gespürt, was das ist, der Geist Jesu Christi.«

Sprach's, packte, im Aufbruch schon, rasch seine Mappe zusammen und merkte überhaupt nicht, dass ich ihn genau so sprachlos staunend ansah wie er damals jene italienische Nonne.

Viele Christen betrachten es als ihre christliche Berufung, zwischen Gut und Böse scharf zu unterscheiden, sich entsprechend für das als gut Erkannte einzusetzen und das als bös Erkannte entschlossen zu bekämpfen. Das ist sicher sehr lobenswert. Sehr interessant ist es allerdings nicht, auch gewiss nicht originell. In auffälliger Weise denken und handeln wir so genau gleich wie alle andern Religionen. Wie aber, wenn es das unterscheidend Christliche wäre, im Angesicht menschlicher Geschlagenheit, Erbarmungswürdigkeit und Not zwischen den Guten und den Bösen einen Augenblick, manchmal wenigstens einen Augenblick lang, gar nicht zu unterscheiden?

47 HULDIGUNG AN EINE PERUANISCHE ANALPHABETIN

Was hat eine peruanische Analphabetin gemein mit einem französischen Mathematiker?

Vielleicht zuerst etwas über jene Peruanerin. Vor einem halben Jahrhundert bin ich ihr begegnet. Das war in der Jesuitenkirche von Cuzco, hoch in den Anden. Sechzehn oder achtzehn Jahre mochte sie alt sein. In Lumpen gehüllt kniete sie in einer Seitenkapelle allein. Über dem Altar aber hing, nach vorn geneigt, in Holz geschnitzt, der Gekreuzigte in Todesqualen. Künstlerisch mochte die barocke Skulptur nicht so vollendet sein wie Matthias Grünewalds Schmerzensmann in Colmar. Doch sie war pathetisch in den hilflos ausgedrückten Gefühlen unerträglicher Passion.

Der jungen Indianerin musste etwas Grauenhaftes geschehen sein. So leidenschaftlich reckte sie die Arme zum Gekreuzigten empor. Immer höher schien sie die Arme auszustrecken, immer tiefer schien sich der Gekreuzigte zu ihr herabzusenken. Zu einem vereinten Bild göttlicher und menschlicher Qual. Ich ertrug es nicht und ging.

Jetzt, ein halbes Jahrhundert danach, war ich nach Cuzco zurückgekehrt. Die Jesuitenkirche fand ich verändert vor. Am Eingang erwartet den Gläubigen jetzt ein Ticketschalter. Gleich links dahinter steht ein Tisch, an dem eine Gruppe von Kunststudentinnen, laut lachend, auf Kundschaft wartet: »Do you need a guide?«

Weiß Gott nicht. Allerdings bereitete es mir Mühe, jenen Seitenaltar wiederzufinden. Das lag an den technisch raffinierten Scheinwerfern, die jetzt den riesengroßen, ganz vergoldeten Hochaltar so ins helle Licht tauchen, dass die Nebenaltäre ins Dunkel geraten sind. Erst beim zweiten Blick sah ich den Gekreuzigten wieder. Während vorn am Hochaltar die Kunststudentinnen ihren gebildeten Unsinn auf Spanisch und auf Englisch herunterschnatterten, hing der Gekreuzigte im Dunkel allein. Auch den Altar hatten ihm die Liturgiereformer genommen. Noch immer nach vorn geneigt hing das Bildnis des göttlichen Leidens gespenstisch ins Leere.

Jene verzweifelte junge Peruanerin? Sie käme, bei dem teuren Ticket, gar nicht mehr in die Kirche herein. Und nicht einmal auf Spanisch verstünde sie die hingekicherte Frage: »Do you need a guide?«

So kam mir vor dem verlassenen Bild des Gekreuzigten ein ganz anderes Gesicht in Erinnerung. Es war, durch alle Jahrhunderte, das hochintelligente, feine Gesicht des französischen Mathematikers Blaise Pascal: »Jésus sera en agonie jusqu'à la fin du monde«, hat er gesagt: »Jesus liegt im Todeskampf bis ans Ende der Welt.«

Nirgendwo, das wissen alle, gibt es so viel Betrug und Selbstbetrug wie in der Religion. Und doch halten unzählige Menschen am Christentum fest. Ich auch. Weil dieser Religion, jenseits aller Einbildungen, eine Wahrheit eignet, die unabweisbar ist: Die Welt ist maßlos grausam; und maßlos ist das Leiden Gottes an der Welt.

48 DER WANDERSALAT

Ich traute meinen Augen nicht. Ahungslos war ich hinaufgestiegen zu jenem Hügel des Siebengebirges, der sich bei Rhöndorf oberhalb von Konrad Adenauers Haus erhebt, aber dennoch vom Massentourismus ganz verschont ist. Breiberg heißt er und bietet, hinüber zum Drachenfels, jene Aussicht, die Humboldt als eine der schönsten der Welt bezeichnet hat. All die Jahre war ich dort oben stets allein.

Diesmal nicht. Auf der schmalen Bank saß in adretter Wanderkluft ein Pärchen anfangs dreissig, dem züchtigen Benehmen nach zu schließen akademisch gebildet. Ich stellte die rheinische Frage »Darf ich mich zu Ihnen setzen?« und bekam die neudeutsche Antwort »Das ist okay«.

Während ich gebannt hinübersah zum Drachenfels, begann die junge Frau ihren Rucksack aufzunesteln und das Essen auszupacken. Es befand sich in einer breiten Plastikdose, die offenbar luftdicht versiegelt war. Jetzt liefen mir die Augen über: Der Wanderproviant des jungen Paares bestand aus nichts als einer Box Salat. Rucola, Eichblatt und Oliven – zweifellos eine delikate Mischung. Dennoch: Salat als Wanderproviant – war die junge Frau, um es in ihrer eigenen Sprache zu sagen, »nicht mehr ganz okay«?

Schon hatte ich das beklemmende Erlebnis verdrängt, als ich, ein paar Wochen später, auf der andern Seite des Rhöndorfer Tälchens, aufstieg zum Geissberg. Von hier ist die Aussicht noch schöner, geht sie doch zum Breiberg und zugleich zum silbernen Band des Rheins. So sah ich glücklich vor mich hin, als mit einem Mal eine junge Familie, proletarisch wortlos, zu mir auf die Bank gestürmt kam. Gleich packten Vater und Sohn ihre Wurstbrote aus. Die Frau dagegen schien mit etwas Sperrigem in ihrem Rucksack zu kämpfen. Endlich bekam ich es zu Gesicht: Aha, es war eine luftdicht verschlossene Plastikdose. Voll Salat, aha! Natürlich keine so feine Mischung. Proletarischer Eissalat war es mit Zwiebelringen und Tomatenschnitzen. Aber Salat. Na ja, halt Wandersalat, inzwischen das Normalste von der Welt.

Die Frage ist erlaubt, ob nicht mit der raschen Verbreitung des Wandersalats der blühendste aller modernen Kulte, eben der Salatkult, abstürzen wird in jene Lächerlichkeit, in der so viele Kulte ihr historisches Ende fanden. Ich glaube das nicht. Ein Kult muss, um sich zu vollenden, erst einmal das Jenseits erreichen. So wie das bei den Alten Ägyptern war. Was haben sie ihren Toten nicht alles zu essen mitgegeben: Taubenragout, gekochte Nieren, geröstete Wachteln, Rinderrippen. Als Proviant auf der langen Wanderung durchs Totenreich bis hin ins Binsengefilde der Seligen.

Was habe ich da gesagt? »Wanderung« habe ich gesagt! Auch die moderne Seele wird nach ihrem Tod noch lange wandern müssen bis hin ins selige Binsengefilde ökologischer Läuterung. Was bekäme ihr zur Stärkung besser als, vom Bestattungsunternehmer diskret in den Sarg gelegt, eine Plastikdose voll Salat? Aber bitte keinen Eissalat mit Zwiebelringen, nein, Rucola mit Feldsalat und Eichblatt gebt mir ins Grab!

49 DIE RELIGION DER ZUKUNFT

Auf halber Strecke zwischen Aachen und Lüttich führt ein belgischer Wanderweg tief hinab ins Tal der Vesdre und dort hinein in eine Szenerie, die an Wucht jedes Wander-Panorama hoch in den Alpen übertrifft. So weit das Auge reicht, dem Fluss entlang nichts als die dantesken Ruinen verfallender Fabriken. Webereien, Färbereien waren das, die diese Gegend, es ist noch gar nicht lange her, zu einer der reichsten Europas machten.

Verfallen ist die industrielle Landschaft. Doch sie ist nicht tot. Ein abenteuerliches Gewimmel von Menschen lebt hier auf der Straße. Lauter Frauen, die Ralph Giordano, in seiner religiösen Geschmacklosigkeit, als »menschliche Pinguine« bezeichnen würde. Um sie herum Schwärme von Kindern, die dunklen Gesichtlein gar nicht selten verschmiert mit Mayonnaise und Pommes frites. Und auffallend viele junge Männer. Für einen Wanderweg beunruhigend viele junge Männer. Junge Männer mit Sonnenbrillen. Nicht einmal im Iran ist es der Religionspolizei gelungen, jungen Muslimen die Sonnenbrillen zu verbieten. Nach ihren Blicken zu schließen, verstehen sie ihre Straße nicht als Wanderweg. Schon gar nicht für Wanderer in farbig flotter deutscher Kluft.

Zum Glück überquert der Wanderweg plötzlich den Fluss. Verengt zu einem schmalen Pfad steigt er steil an durch bukolisch grüne Wiesen voll weißer Schafe. Doch schon endet das biblische Idyll. Oben nämlich, über einen weiten Hügel, durchquert der Wanderweg jetzt ein Neubaugebiet. Lauter frisch gebaute kleine Villen stehen hier, aus Backstein, gar nicht unbedingt spießig, sondern von jenem bescheiden guten Geschmack, mit dem seit ein paar Jahren das belgische Mittelbürgertum die Sünden der Vergangenheit gutzumachen sucht. Suburb ist das hier, fast amerikanisch. Und mittendrin, wie zu erwarten, wie in Amerika, ein hübsch renoviertes kleines Suburb-Kirchlein.

Jetzt ein Blick in die Kirche hinein: Vorne am Altar beschäftigt sich ein »Seelsorgeteam« von drei adrett gekleideten Damen. Einer fröhlichen Kinderschar geben die drei so etwas wie Religionsunterricht. Jedenfalls geht es darum, dass die Kinder auf ein großes weißes Kreuz kleine rote Herzchen heften und dazu etwas Liebes schreiben. Zum Beispiel: »J'aime Jésus« oder »Für dich, lieber Opa« oder »Wir bauen einen Brunnen für die Kinder in Nicaragua«.

Vollgeparkt der Platz draussen vor der Kirche. An die Autos gelehnt warten plaudernd dort die Eltern auf ihre Sprösslinge. Um sie gleich danach aus dem behüteten Suburb-Kirchlein, ein paar hundert Meter nur, heimzufahren ins ebenso behütete Suburb-Home.

Droben in der Suburb-Welt die Christen. Drunten in der industriellen Ruinenwelt die Muslime. Dazu ein Satz aus dem Evangelium nach Lukas: »Selig seid ihr Armen.« Du brauchst nicht dran zu glauben, ans Evangelium nach Lukas. Du brauchst nur ein Weniges von Religionsgeschichte zu verstehen, um zu wissen, welcher dieser beiden Religionen die Zukunft gehört.

50 O WEISHEIT VON SOLOTHURN

Fragst du, welches die beste Festrede sei, die je gehalten wurde, fällt mir die Antwort leicht: Das ist die unvergessliche Rede, die Rechtsanwalt Gressly 1956 auf dem Zeughausplatz in Solothurn gehalten hat: »Liebe Solothurnerinnen und Solothurner! Ich stehe hier auf dem Zeughausplatz. Hinter mir das Zeughaus. Links vor mir die Kathedrale. Rechts das Rathaus. Zeughaus, Rathaus und Kathedrale sind die drei Pfeiler unseres Staates.«

Vor Begeisterung waren die Solothurnerinnen und Solothurner sprachlos. Alle hatten sie den altgewohnten vaterländischen Tiefsinn über den Rütlischwur erwartet. Und jetzt? Etwas gänzlich anderes. Etwas Empirisches. Rechtsanwalt Gressly hatte um sich geblickt. Mit Augen. Hatte, sozusagen, topographisch Inventur gehalten. Und so war es ihm in fünf ganz kurzen Sätzen gelungen, alles zu sagen, was über Solothurn zu sagen war. Unter dem nicht enden wollenden Beifall der Solothurnerinnen und Solothurner stieg Rechtsanwalt Gressly vom Podium. Und verschwand auf der Stelle.

Verschwand wochenlang. Bis endlich einer den Mut hatte, Frau Gressly zu fragen: »Sagen Sie, was ist mit Ihrem Mann?« Lange schwieg sie. Dann hob sie die Augen: »Es ist die Rede.« Aber war das nicht eine geistreiche Rede gewesen? »Eben. Mein Mann glaubt, er habe mit dieser Rede sein Bestes gegeben. Und …«, sie schluckte, »und jetzt will er für immer verstummen.«

O Weisheit aus Solothurn! O Weisheit ohnegleichen! Einmal im Leben etwas Geistreiches sagen – und dann für immer verstummen. Das ist das Prinzip Gressly. Wahrlich, ich sage euch, würde dieses Prinzip nicht nur in Solothurn beachtet, sondern auch in Zürich, in Frankfurt, in Hamburg, in Wien, vor allem aber in Berlin, unser ganzes Geistesleben wäre auf einen Schlag saniert.

Für alle Literatur stehe ein einziges Beispiel: Günter Grass. Geistreich war ohne Zweifel die »Blechtrommel«. Jedenfalls soweit sie in Danzig spielt. Aber dann? Warum musste er weiterschreiben? Warum mussten wir weiterlesen? Und wie die Literatur, so die Presse. Sie wird gemacht von lauter Leuten, die einmal, einmal nur, tatsächlich geistreich waren. Zumindest jener süddeutsche Leitartikler war einmal geistreich. Fatal war nur sein, ja unser aller Irrtum, dass er, weil er einmal geistreich war, immer weiter schreiben, immer weiter geistreich bleiben, ja immer weiter geistreich gefunden werden müsse.

Jetzt noch ein Wort über die Berliner Politik? Nein, es ist nicht nötig. Von Angela bis Peer sind sie ohne Zweifel alle einmal geistreich gewesen. Aber dann?

Kein Mensch kann auf die Dauer geistreich sein. Nicht einmal der Heilige Geist kann das. Schlagt nur die Bibel auf. Das 1. Buch Mosis ist genial. Aber dann? Hunderte von öden Seiten. Dreiviertel der Bibel sind unlesbar. Warum? Weil der Heilige Geist das Prinzip Gressly noch nicht kannte. Ihm fehlte die Offenbarung aus Solothurn: Einmal im Leben geistreich sein – und dann für immer verstummen.

51 DIENEN UND VERSCHWINDEN

Manchmal werde ich gefragt, was mich – als Mitbürger mit »Migrationshintergrund« – an deutscher Politik am stärksten beeindruckt hat. Die Antwort fällt mir leicht: Es ist das Grabmal König Rudolfs von Habsburg im Dom zu Speyer. Für die Zeit selten: der Künstler hat den Epitaph noch vor Rudolfs Tod im Jahr 1291 gemeißelt. Nach der Natur. Steig selber hinab in die Krypta des Doms und schau, wie dieser Große ausgesehen hat: tief zerfurcht die Stirn, Nase und Lippen gezeichnet von abgründiger Skepsis. Dies ist einer, der jede Illusion über die Menschen verloren hat.

Und doch war Rudolf einer der erfolgreichsten, auch ruhmreichsten deutschen Könige. Ihn hat Friedrich Schiller als den »Herrscher der Welt« gepriesen. Das ist übertrieben. Ein wirklicher Herrscher der Welt war, lang nach ihm, Karl V, jener habsburgische Kaiser, in dessen Reich »die Sonne niemals unterging«. Von ihm hängt in der Alten Pinakothek in München ein Porträt, das, wenn es denn möglich ist, Rudolfs Gesichtszüge an Überdruss und Enttäuschung übertrifft. Noch eindrucksvoller ist jener kleine, so ganz und gar nicht kaiserliche Stuhl Karls V, der im Kloster von Yuste aufbewahrt wird. Auf diesem Stuhl krümmte sich Karl, wenn er vor lauter Gicht weder gehen noch schreiben konnte. War es nur die Gicht, die den Herrscher der Welt auf alle Macht verzichten und sich zurückziehen ließ in dieses einsame Kloster in der Wüste Extremadura?

Im Lateran, dem alten römischen Palast der Päpste, geriet ich einmal in eine kleine Kammer. Unter allerhand Gerümpel stand dort ein ähnlicher Stuhl wie in Yuste. Noch armseliger wirkte er trotz seiner roten Zotteln, und so zerschlissen, dass ihn wohl kein deutscher Antiquar gratis nehmen würde. Doch an der Lehne hing ein Zettel: »Stuhl Papst Pius V«.

Auf diesem Stuhl hat Pius V im Jahr 1571 gesessen, als er unter unsäglichen Mühen um eine Flotten-Allianz zwischen Venedig und Spanien rang, weil nur noch so die Landung der Türken in Italien zu verhindern war. Er litt zu dieser Zeit schon grausam an Prostatakrebs. Weder halten noch lassen konnte er noch das Wasser. Während Pius V einen Diplomaten nach dem andern empfing, wischte ein Diener von Zeit zu Zeit den blutigen Harn unter seinem Stuhl weg. Pius V, nicht Don Juan d'Austria ist der triumphale Sieger der Seeschlacht von Lepanto. Wie er zu dieser Zeit aussah? Triumphal? Es gibt, dem Jahrhundert entsprechend, Porträts von ihm genug. Zum Verwechseln ähnlich wie Rudolf von Habsburg sah auch Pius V am Ende seiner Herrschaft aus.

»Und nun ist die Macht an sich böse, gleichviel wer sie ausübe«, hat Jakob Burckhardt gesagt. Ob das stimmt? Sicher ist eines: Macht vernichtet alle Illusionen. Und sie macht über die Massen bitter. Die Besten haben sie ausgeübt wie Niklaus von Steiger, der letzte Schultheiss von Bern. »Servir et disparaître« hieß seine Devise: »Dienen und verschwinden.«

52 GROSS IST DIE ZUKUNFT DER RELIGION

Wenn fromme Seelen an Köln denken, dann denken sie an den gotischen Dom. Ich nicht. Ich denke an die hochgeschossenen Miethäuser in Köln-Porz. Wie in manchen Trabantenstädten von Tschungking sieht es da aus. Doch zugegeben, nicht wenige dieser Mietsilos sind ordentlich gebaut. Da sieht Köln aus wie Singapur.

Eher nach Tschungking als nach Singapur sah jenes Hochhaus aus, in dem ich einsam hochfuhr bis zum achten Stock. Eine Hartz-IV-Empfängerin wollte ich besuchen. Die alte Frau empfing mich in einem Wohnzimmer, das aussah, als hätte Thilo Sarrazin hier persönlich eine Hartz-IV-Musterwohnung eingerichtet: nicht elend, durchaus sauber, aber jeder Farbe und Freude bar.

Wir sprachen über die Tochter der Frau, deren Sache vor Gericht gekommen war. Es erwies sich, dass da nicht viel zu machen war. Deshalb suchte ich nach einer Wendung, um mich zu verabschieden, ohne die Leute zu sehr zu entmutigen. So entfuhr mir ein Satz, den ich in meiner Kindheit nicht selten noch gehört habe: »Wir wollen es dem Herrgott überlassen.«

Die Frau, die mir zum Schluss gar nicht mehr zugehört hatte, sah plötzlich auf: »Sie haben Herrgott gesagt. Warum sagen Sie das?« Ich zuckte die Achsel: »Das Wort haben früher viele gebraucht. Es ist ein altes Wort. Und Gott ist eine alte Sache. Er ist die älteste Sache der Welt.

Was soll ich nicht ein altes Wort für ihn gebrauchen?«

Als sei ihr diese Worterklärung gleichgültig, schwieg die alte Frau einen Augenblick. Dann sah sie mich forschend an: »Was halten Sie vom Herrgott?«

Auf der Stelle fühlte ich mich überfordert. Ich hatte gerade den Kopf voll von Thomas von Aquin. Und von seiner klassischen These, dass wir nicht wissen, wer Gott ist, dass wir uns aber Gott nähern können, wenn wir verstehen, was er nicht ist. Aber Thomas von Aquin in einer Hartz-IV-Wohnung in Köln-Porz? Unmöglich.

Sören Kierkegaard kam mir in den Sinn mit seiner These, dass Glauben etwas gänzlich anderes sei als Wissen. Aber Sören Kierkegaard und seine verquaste protestantische Theologensprache in einer Mietskaserne in Köln-Porz? Noch unmöglicher als das Latein von Thomas von Aquin.

Und dann, erzwungen durch die Unmöglichkeit theologischen Redens, entfuhr mir spontan ein denkbar einfacher Satz: »Es ist etwas dran an der Sache mit Gott. Aber ich weiß nicht was.« Die Antwort der alten Frau kam sehr leise und sehr ernst: »Genau das denke ich auch.«

Um wieder herunterzukommen aus dem achten Stock jenes Hochhauses, hätte ich den Aufzug nehmen können. Doch ich war so guter Laune, dass ich alle acht Etagen zu Fuß die Treppe hinunterstürmte. Mir war Großes gelungen. Einen klassischen Gedanken der christlichen Theologie hatte ich so auszudrücken gewusst, dass er der genuinen religiösen Erfahrung einer Hartz-IV-Empfängerin entsprach. Wenn aber solches in Köln-Porz möglich ist, dann ist es auch in Tschungking möglich und erst recht in Singapur.

Groß ist die Zukunft der Religion.